KB232681

시편으로 쓴

詩 150

지면으로 쓴 詩 150

이수송 달웅

GLORIA

自 序
—

성경 66권 중에서 제가 가장 많이 읽은 책이 시편일 것입니다. 시편은 저의 호흡이고 기도이고 명상이고 찬송이었습니다. 저는 지금껏 살아오면서 힘들고 어려울 때마다 시편을 읽었습니다. 시편을 읽으며 기도하면 힘든 일이 쉬어지고 어려운 일이 풀리는 것을 경험했습니다. 제가 고독하고 외로울 때, 주님을 만나고 싶으면 시편을 읽었습니다. 제가 시편을 읽을 때마다 주님은 날 만나주셨습니다. 제가 주저앉을 때 시편을 읽으면 주님은 절 다독이시고 일으키셨으며, 제가 무너졌을 때 시편을 읽으면 주님은 절 부축이시며 용기를 주셨습니다. 시편은 제 삶을 이끌어준 영혼의 동반자가 되었습니다.

저는 시편을 제 삶에 적용시키고 싶었습니다. 기도하는 마음으로 시편을 다시 쓰고 싶었습니다. 그리하여 본문과 그 뜻을 최대한으로 살리면서 누구나 쉽고 간편하게 읽을 수 있는 믿음의 글로 다시 썼습니다. 가슴으로 느낄 수 있는 언어로 편하게 읽히는 詩를 썼습니다.

이 詩에 나의 기도와 명상과 찬송이 스며 있습니다.
나의 구원을 「오늘의 구원」으로 승화시키고,
나의 기쁨을 「환희의 기쁨」으로 바꾸고,
나의 기도를 「응답의 기도」로 변형시켰습니다.
나의 고통을 「십자가의 고통」으로 만들고,
나의 승리를 「부활의 승리」로 재현시켰습니다.

당신이 시인이 아니어도 좋습니다. 당신이 기도 할 수만 있다면 이 詩를 읽고 주님을 만날 수 있습니다. 주님의 사랑과 위로를 받을 수 있습니다. 영혼의 안식과 하늘의 평화를 맛 볼 수 있습니다. 당신의 기도가 응답될 수 있습니다.

詩는 기도이고 생활입니다. 찬송입니다. 이「시편으로 쓴 詩 150」을 읽어보시고 주님을 만나보세요.

이 시집을 저의 목회 38년을 인도해주신 하나님께 은퇴 기념 작품으로 바칩니다. 한 생애를 제 목회의 동반자가 되어준 사랑하는 아내에게 고마움을 드립니다. 이 시집 출판을 위하여 협조해주신 한국교회정보센터의 대표 김항안 목사님과 좋은 책으로 만들어 주신 도서출판 글로리아 김일 사장님께 감사드립니다. 평화!

내장산 끝자락에서
以修 宋 達 雄 올림

성경은 하나님께서 스스로를 우리에게 계시하신 하나님의 책입니다. 동시에 성경은 사람의 책입니다. 좀 더 나아가 사람을 위한 책이기도 합니다. 그 중에서도 시편은 매우 영적인 책이라 할 수 있습니다. 시편에서 우리는 현실세계에서 사람들이 느끼는 다양한 감정을 접하게 됩니다. 긍정적 감정으로 기쁨, 승리감, 희망, 용서, 감사, 신뢰, 경외, 사랑, 겸손 등입니다. 한편 부정적 감정으로는 슬픔, 분노, 절망, 수치, 두려움, 애통, 괴로움, 의심, 교만 등등이 나타납니다.

시편은 이러한 감정을 어떻게 처리하는지 우리에게 보여줍니다. 우리는 시편을 통해 긍정적 감정들은 어떻게 승화시키며, 부정적 감정들은 어떻게 극복하는지를 배우게 됩니다. 그러므로 시편은 매우 인간적인 책이라 하겠습니다.

시편은 다양한 장르(genre)의 시들을 모은 모음집입니다. 시편의 장르들은 크게 나누어 일곱 가지인데 찬양시, 탄식시, 감사시, 신뢰의 시, 회상의 시, 지혜시, 제왕시입니다. 이러한 장르들은 콘텍스트(Context) 즉 사람의 처한 상황을 표현해 주고 있습니다. 사람은 만나는 상황 속에서 다양한 감정을 경험합니다. 그 감정을 처리해나가는 과정에서 인격적 성숙을 이루고 영적인 깊이를 경험해 갑니다. 그러므로 시편은 하나의 문학작품입니다. 곧 영적 색채를 강하게 지닌 영적 문학모음집이라 하겠습니다.

사람이 가진 영성이 그의 행동을 좌우합니다. 우리는 성경 속에서 사람의 성공을 보며 하나님이 요구하시는 영성이 어떤 것인지, 사람의 실패를 보며 하나님이 싫어하시는 영성은 어떠한지를 알게 됩니다. 물론 성공과 실패는 사람에게서 평가의 기준을 완전하게 얻을 수 없습니다. 하나님만이 평가의 절대적 기준이 되십니다. 게다가 당대의 성공만이 영원한 성공이 아니며 역사가 그의 성공을 인정해 줄 때 비로소 완전한 성공이 됩니다. 우리는 시편을 통해 성공하는 영성, 역사가 인정하는 영성, 하나님이 인정하시는 영성의 방향을 알게 됩니다.

이수 송달웅 목사님께서 평소 시를 통해서 말씀의 신비를 예술적인 표현으로 감동을 주시더니 이번에는 시편 150편을 기도와 명상과 찬송이 스며든 아름다운 시집을 집필하셨습니다.

송달웅 목사님께서 깊은 영적인 통찰력으로 쓰신 이 시집을 읽고 묵상할 때 우리의 영성을 풍부하게 하는 영적 양식이 될 것이며, 우리의 병든 영혼을 치유하는 영적 양약이요, 우리의 신앙을 건전하고 바르게 이끄는 영적 보약이 될 것으로 믿습니다. 샬롬!

한국교회정보센타 서재에서
김항안 목사

목차

제 일 권

제1부 | 복 있는 사람

복 있는 사람은

복 있는 사람은
악인들의 꾀를 따르지 아니하며
죄인들의 길에 서지 아니하며
오만한 자들의 자리에 앉지 아니하고

복 있는 사람은
오직 여호와의 말씀이 즐거워하여
그 말씀을 밤낮으로 묵상하도다

복 있는 사람은
시냇가에 심은 나무가 철을 따라 열매를 맺으며
그 잎사귀가 마르지 아니함 같으니
그가 하는 모든 일이 다 형통하리로다

무릇 의인들의 길은
여호와께서 인정하시니 망하지 않으리로다

악인들은 그렇지 아니함이여,
오직 바람에 나는 겨와 같도다
그러므로 악인들은 심판을 견디지 못하며
죄인들이 의인들의 모임에 들지 못하리로다
악인들의 길은 망하리로다.

어찌하여

어찌하여 이방 나라들이 분노하는가?
어찌하여 민족들이 헛된 일을 꾸미는가?
어찌하여 여호와와 그의 기름 부은 자를 대적하는가?
어찌하여 죄악의 결박을 벗어버리지 못하는가?

하늘에 계신 이가 웃으심이여,
그들을 비웃으시고 분을 발하시며 이르시기를
내가 나의 왕을 내 거룩한 산 시온에 세웠다 하도다

여호와의 명령을 전하노라
너는 내 아들이라!
내가 오늘 너를 낳았도다

너는 내게 구하라.
내가 이방을 유업으로 주리니
네 소유는 땅 끝까지 이르리라

네가 철창으로 그들을 깨뜨림이여,
질그릇 같이 부수리라

여호와를 경외함으로 섬기고 떨면서 즐거워할지어다
그의 아들에게 입 맞추라

그렇지 아니하면 길에서 망하리니
그의 진노가 급하심이라
여호와께 피하는 모든 사람은 다 복이 있도다.

여호와여, 일어나소서! 시편 제 3 편

여호와여!
나의 대적이 어찌 그리 많은지요?
일어나 나를 치는 자가 너무 많나이다
많은 사람들이 말하기를
'너는 하나님께 구원을 받지 못한다' 하나이다

여호와여!
주는 나의 방패시요 나의 영광이시요
나의 머리를 드시는 자입니다

여호와여, 일어나소서!
나의 하나님이여, 나를 구원하소서!
주께서 나의 모든 원수의 뺨을 치시며
악인의 이를 꺾으셨나이다

여호와여!
구원은 여호와께 있사오니
주의 복을 주의 백성에게 내리소서!

내 의의 하나님이여!

꼭 절망이라고 말하고 싶지는 않습니다 그러나
내 속을 터놓고 말할 수 있는 사람은 안 보입니다
사람들은 제가끔 끔직한 죄를 안고
여호와의 영광을 욕되게 하며 헛된 일을 좋아하고
거짓을 향하여 달려가고 있습니다
아마 어쩌면 나도 그런 사람일 것입니다

내 의의 하나님이여!
내가 부를 때에 거절하지 마소서
곤란 중에 있는 나를 너그럽게 하셨으니
이제는 내게 은혜를 베푸소서
나의 기도를 들으소서

의의 제사, 십자가의 피 흘림
값없이 주시는 은혜,
주께서 내 마음에 두신 기쁨은
곡식과 새 포도주가 풍성할 때보다 더하나이다.
어찌 내가 세상의 환락과 즐거움으로
인생을 향유할 수 있으리까?

나는 떨며 죄를 짓지 아니하리니
이제는 내가 주님의 품안에서 편안히 눕고

자기도 할 것입니다 나를
안전히 살게 하시고 날개 그늘 아래 숨기소서
주님은 오직 나의 여호와이십니다.

아침 기도

악이 머물던 협곡
오만한 자들과 행악 자들
거짓말 하는 자들
피 흘리기를 즐기는 자와 속이는 자들의 때는
캄캄한 저녁이었습니다

저들의 입에 신실함이 없고
심중에는 악이 가득하고
목구멍은 열린 무덤이요 혀는 아첨하는 입술입니다
자기 꾀로 주를 배역하는 자들
저들은 절망하는 저녁입니다

나의 왕, 나의 하나님이여!

밝게 먼동 터오는 아침에 나는
두 손을 들고 소리를 발하여 주님께 기도하나이다
나의 심정을 헤아려주소서!
오직 나는 주의 풍성한 사랑을 힘입어
성전에 들어가 주를 경외함으로
하나님의 발등상을 향하여 예배하나이다

주께 피하는 모든 사람들은 다 기뻐하며
주님의 보호로 말미암아 영원히 기뻐 외치나이다

주님의 이름을 사랑함으로 즐거워하나이다

여호와여!
주는 의인에게 복을 주시고
든든한 방패와 같이 은혜로 나를
호위하실 것입니다.

뼈의 기도

주의 분노로 나를 책망하시고
진노로 나를 징계하시오니
내가 수척하였사오며
나의 뼈가 심히 떨리나이다

내 영혼도 매우 떨고
내가 탄식함으로 피곤하여
밤마다 눈물로 내 침상을 띄우며 요를 적시나이다.
근심으로 내 눈이 쇠하여 어두워졌나이다

내 뼈가 주께 기도합니다.
여호와여! 어느 때까지입니까?
나의 영혼을 건지소서!
돌아와 나를 구원하소서!

여호와께서 내 울음소리를 들으셨도다
내 간구를 들으심이여,
내 기도를 들으실 것입니다
내 원수들이 갑자기 부끄러워 물러갈 것입니다.

여호와의 칼

인간이 회개치 않으니 여호와께서 칼을 가심이여,
화살을 이미 당기어 예비하셨도다

주께서 죽일 도구를 예비하심이여,
여호와가 만든 화살은 불화살이로다

악인이 죄악을 낳음이여,
재앙을 잉태하여 거짓을 나았도다

죄인이 빠질 웅덩이를 만듦이여,
제가 스스로 만든 함정에 빠졌도다
죄인의 재앙은 죄인의 머리로 돌아가고
포악은 자기의 정수리에 내렸도다

여호와의 칼이여!
만민에게 심판을 행하시오니
악인의 악을 끊고 의인을 세우소서
의로우신 나의 하나님이
사람의 마음과 양심을 감찰하시나이다

내가 여호와의 의를 따라 감사함이여!
지존하신 여호와의 이름을 찬양하리로다.

주의 손가락

여호와 우리 주여!
주의 이름이 어찌 그리 아름다운지요
주의 영광이 하늘을 덮었나이다
어린 아이들과 젖먹이들의 입으로 권능을 세우심이여,
이는 원수들을 잠잠하게 하려 하심입니다

주의 손가락으로 만드신 주의 하늘과
주께서 베풀어 두신 달과 별들을 내가 보오니
인자가 무엇이기에 주께서 돌보시나이까?
그를 하나님보다 조금 못하게 하시고
영화와 존귀로 관을 씌우셨나이다

주의 손으로 만드신 것을 다스리게 하시고
만물을 그의 발아래 두셨으니
여호와 우리 주여!
주의 이름이 온 땅에 어찌 그리 아름다운지요.

딸 시온의 문에서

가난한 자의 부르짖음을 들으시는 여호와여!
내게 은혜를 베푸소서
나를 사망의 문에서 일으키시고
나를 미워하는 자에게 받는 고통을 돌아보소서

나는 딸 시온의 문에서
두 손을 높이 들고 주께 기도하오니
영광 가운데 계신 주여!
나의 찬송과 경배를 받으소서

딸은 어머니를 그리워하며
구원을 기뻐하오니
악한 자는 자기가 판 웅덩이에 빠짐이여,
주께서 보좌에 앉으셔서 딸을 의롭게 하셨나이다

궁핍한 자가 잊어버림을 당하지 않음이여,
가난한 자들이 영원히 실망하지 아니하오니
주 여호와여! 일어나사
인생으로 이기지 못하게 하소서. 아멘

하나님이 없다 하는 자

시편 제 10 편

마음의 욕심을 자랑하며 탐욕을 부리는 자
여화와를 배반하여 멸시는 하는 자
교만한 얼굴로 말하는 자
마음에 이르기를 나는 흔들리지 아니한다 하는 자
환난을 당하지 않는다 하는 자
입에는 저주와 거짓과 포악이 충만한 자
혀 밑에는 잔해와 죄악이 있는 자
구석진 곳에 앉으며 은밀한 곳에서 무죄한 자를 죽이는 자
가련한 자를 엿보는 자
하나님을 잊었고 영원을 보지 아니하는 자
이들이 이 세상에 가득하나이다

여호와여 일어나소서!
하나님이여 손을 드옵소서!
저들의 팔을 꺾으소서!
저들의 악을 더 이상 찾을 수 없을 때까지 찾으소서!
여호와께서는 영원무궁토록 왕이시니
이방 나라들이 주의 땅에서 멸망하였나이다.

길 잃은 새

하늘에 길이 있거늘 나는
길 잃은 새가 되어 산으로 도망하였나이다
내 영혼에게 산으로 피하라 하기에
나는 하늘을 버리고 산으로 피하였나이다

악인이 활을 당기고 화살을 시위에 먹임이여,
어두운데서 나를 향하여 쏘려 하나이다
나는 사냥꾼의 올무에서 퍼덕이며
길 잃은 새가 되어 허공을 방황하나이다

여호와께서 성전에 계시고
여화와의 보좌는 하늘에 있음이여,
주의 눈이 인생을 통촉하시고
주의 안목이 인간들을 감찰하나이다

나는 여호와의 의로우심을 좋아하오니
여호와의 얼굴을 뵈옵니다
여호와여! 나에게 길을 가르쳐주소서
하늘 길을 찾게 하소서.

흙 도가니

일곱 번 단련한 은 같이 순결함이여,
믿음은 정금같이 아름답습니다

풀무 불 속에서도 살아날 수 있는 믿음이여,
이 세대부터 영원까지 보존되는
말씀으로 무장하고 안전지대에 서리이다

영혼을 살라 불을 토하고
입술을 벌려 찬송으로 천상에 오르니

제련된 정금이 빛을 발하고
산을 옮길만한 믿음은
불붙는 흙 도가니에서 나옵니다.

어느 때까지 시편 제 13 편

때와 기한은 여호와께 있사오나
절박한 시간의 함정에서 주께 부르짖나이다

주께서 나를 잊은 듯 얼굴을 숨기시고
원수가 나를 치며 자랑하오니
나의 영혼이 번민하고 종일토록 근심하나이다

여호와 나의 하나님이여!
어느 때까지
어느 때까지
눈을 감으시며 외면하시려 하나이까?

두렵건대 내가 사망의 잠을 자며
나의 원수가 하나님을 이기었다 할까 하나이다
내가 흔들릴 때에
나의 대적이 기뻐할까 하나이다

나는 오직 주님의 사랑을 의지하고
주의 구원을 기뻐하며
여호와를 찬송하리니
이는 주께서 내게 은덕을 베푸심이로다.

어리석은 자

어리석은 자에게는 하나님이 없도다
그들은 부패하고 행실이 가증하니 선을 행하지 않는다
다 치우쳐 함께 더러운 자가 되고
선을 행하는 자가 없으니 하나도 없도다
떡 먹듯 사람을 먹으면서
오히려 두려워하고 두려워하도다

하나님은 살아 계시도다
가난한 자의 계획을 부끄럽지 않게 하시고
그들의 피난처가 되도다
택함 받은 자의 구원은 시온에서 나오나니
여호와께서 그들을 포로 된 곳에서 돌이키실 때에
즐거워하고 기뻐하리로다.

제2부 | 여호와는 나의 목자

주의 성산에 사는 자

여호와여!
주의 장막에 머무를 자 누구이오며
성산에 사는 자 누구입니까?

정직하게 행하며 공의를 실천하는 자
그의 마음에 진실을 말하는 자
그의 혀로 남을 허물하지 않는 자
그의 이웃에게 악을 행하지 않는 자
그의 이웃을 비방하지 않는 자
그의 눈은 망령된 자를 멸시하는 자
여호와를 두려워하는 자들을 존대하는 자
그의 마음에 서원한 것은 해로울지라도 변하지 않는 자
이자를 받으려고 돈을 꾸어주지 않는 자
뇌물을 받고 무죄한 자를 해하지 않는 자

이런 일을 행하는 자는 영원히 흔들리지 아니 합니다.

주 밖에는 나의 복이 없도다 시편 제 16 편

여호와는 나의 산업
나의 잔의 소득, 나의 분깃, 나의 기업이오니
실로 아름답도다

내가 여호와를 항상 내 앞에 모심이여,
그가 나의 오른쪽에 계시므로
내가 영원히 흔들리지 아니하리로다

이러므로 나의 마음이 기쁘고 나의 영도 즐거워하며
내 육체도 안전히 살리니
주께서 생명의 길을 내게 보이시고
주의 앞에는 충만한 기쁨이 있고
주의 오른쪽에는 영원한 즐거움이 있나이다.

기이한 사랑

여호와여!
주님의 기이한 사랑에 놀라 나는 밤을 깨우나이다

절망의 밤에 울부짖어 기도하나이다
압제하는 악인들과 나의 목숨을 노리는 원수들이
우는 젊은 사자 같이 나를 노리나이다

내 고통의 밤에 여호와여 일어나사
그들을 대항하여 넘어뜨리시고 나의 영혼을 구원하소서

내 영혼의 밤에 오시어 주님의 오른 손으로
나를 구원하시는 주여!
주님의 기이한 사랑을 나타내소서.

사랑의 고백

나의 힘이 되신 하나님이여!
내가 주를 사랑하나이다

하나님은 나의 반석 나의 요새
나를 건지시는 이

하나님은 나의 하나님
내가 피할 바위시고 나의 방패

하나님은 나의 구원의 뿔
나의 산성

사망의 줄이 나를 얽고
불의의 창수가 나를 두렵게 하여도
내가 찬송 받으실 여호와께 아뢰니
내 원수에게서 구원을 얻습니다

하나님! 사랑합니다
하나님! 믿습니다
내 하나님께 영광을 돌립니다.

무언無言의 언어言語 시편 제 19 편

날은 날에게 말하고 밤은 밤에게 지식을 전하니
언어도 없고 말씀도 없으며 들리는 소리도 없으나
그의 소리가 온 땅에 통하고
그의 말씀이 온 세상 끝까지 이르도다

하나님이 해를 위하여 하늘에 장막을 베푸셨도다
해는 그의 신방에서 나오는 신랑 같고
그의 길을 달리는 장사 같아서
하늘 이 끝에서 저 끝까지 운행함이여,
그의 열기에 피할 자 없도다

여호와의 율법은 완전하여 영혼을 소성시키며
여호와의 증거는 확실하여 우둔한 자를 지혜롭게 하며
여호와의 교훈은 정직하여 마음을 순결하게 하며
여호와의 법도는 진실하여 다 의로우니
순금보다 사모할 것이여 송이 꿀보다 더 달도다

나의 반석이시요 나의 구속자이신 여호와여!
내 입의 말과 마음의 묵상이
주님 앞에 열납悅納되기를 원하나이다.
아멘

마음의 소원

내가 개가凱歌를 부르며
하나님의 이름으로 깃발을 세우리니
여호와께서 내 모든 기도를
이루어 주셨나이다

여호와께서 기름 부은 자를
구원하시는 줄을 이제 내가 아오니
주님은 거룩한 그늘에서
오른 손으로 구원하시는 힘이 있나이다

사람은 사람을 의지하나
나는 여호와 우리 하나님의 이름을 자랑하리니
사람은 비틀거리며 엎드려지나
나는 일어나 바로 설 것이요
"여호와여 구원하소서!"
부르짖을 때에 응답하시나이다.

아름다운 복

내가 여호와를 영접하니
순금 관으로 내 머리에 씌우시고
내가 생명을 구하매
영원한 장수를 나에게 주셨나이다

주의 구원하심이
여호와의 영광을 드러내니
존귀와 위엄이
주님께 임하나이다

주님은 나로 하여금
지극한 복을 받게 하시며
주님 앞에서
기쁘고 즐겁게 하시나이다

내가 여호와를 의지하오니
지존하신 주님의
인지하심으로 흔들리지
아니하나이다.

나는 벌레

나는 벌레요 사람이 아니라
사람들의 조롱거리가 되었나이다
나는 물같이 쏟아졌으며 내 모든 뼈는 어그러졌으며
마음은 밀랍 같아서 입속에서 녹았나이다
나는 힘이 말라 질그릇 조각 같고 혀가 천장에 붙었나이다
주께서 나를 죽음의 진토 속에 두셨나이다
개들이 나를 에워쌌으며 악한 무리가 내 수족을 찔렀나이다
내가 내 모든 뼈를 셀 수 있나이다
내 겉옷을 나누며 속옷도 제비뽑나이다

여호와여! 멀리하지 마옵소서
나의 힘이시여! 속히 나를 도우소서
내 생명을 칼에서 건지시며
내 유일한 것을 개의 세력에서 구하소서
나를 사자의 입에서 구하소서
주께서 내게 응답하시고 들소의 뿔에서 구원하셨나이다.

여호와는 나의 목자

여호와는 나의 목자시니
내게 부족함이 없으리로다

그가 나를 푸른 풀밭에 누이시며
쉴만한 물가로 인도하시나이다
내 영혼을 소생시키시고
여호와의 이름을 위하여 의의 길로 인도하나이다

내가 사망의 음침한 골짜기로 다닐지라도
해를 두려워하지 않을 것은
주께서 나와 함께 하심이라
주의 지팡이와 막대기가 나를 안위하시나이다

주께서 내 원수의 목전에서 내게 잔칫상을 차려주시고
기름을 내 머리에 부우셨으니 내 잔이 넘치나이다

내 평생에 선하심과 인자하심이
반드시 나를 따르리니
내가 여호와의 집에 영원히 살리로다.

여호와의 산에 오를 자

여호와의 산에 오를 자,
거룩한 곳에 설자가 누구인가?
손이 깨끗한 자 마음이 청결한 자
뜻을 허탄한 데 두지 않는 자
거짓 맹세하지 않는 자로다

이들은 복을 받고
구원의 하나님께 의를 얻으리니
이는 여호와를 찾는 족속이로다

문들아! 나희의 머리를 들라
영원한 문들아! 들릴지어다
영광의 왕이 들어가신다

영광의 왕이 뉘시냐?
강하고 능하신 여호와, 전쟁에 능하신 여호와로다
여호와께서는 곧 영광의 왕이시구나.

종일 기다림

주여!
나는 외롭고 괴로우니
내게 돌이키시고
나에게 은혜를 베푸소서

주여!
내 마음에 근심이 많으니
나를 고난에서 이끌어내시고
내 모든 죄를 사하소서

주여!
내가 종일 주를 기다리나이다

주여!
주의 긍휼하심이 영원부터 있었사오니
내 눈이 항상 여호와를 바라고
주의 도우심을 기다리고 있나이다.

허망한 사람

허망한 사람, 그 사람은 빈껍데기입니다.
간사히 악을 행하고
손이 사악하여 오른 손에는 뇌물이 가득하며
생명을 죽이는 자입니다

여호와여! 나를 살피시고 시험하사
나를 완전함에 행하고
흔들리지 아니하고 주를 의지하게 하옵소서
주의 인자하심이 내 목전에 있사오니
주의 진리 중에 행하게 하소서

여호와여! 내가 손을 씻고
주의 제단에 두루 다니며 감사의 소리를 들려
주의 기이한 일을 말하렵니다
내게 은혜를 베푸소서!
내가 무리 가운데서 여호와를 송축하나이다.

주의 얼굴

시편 제 27 편

내가 바라는 것 한 가지는
내가 평생에 여호와의 집에 살면서
여호와의 아름다움을 바라보며
주님을 사모하는 것입니다

주의 얼굴을 내게서 숨기지 마시고
주의 종을 버리지 마소서!
주는 나의 도움이 되셨나이다
내 구원의 하나님이시여!

여인이 어찌 그 젖 먹는 자식을 잊겠으며
자기 태에서 난 자를 긍휼히 여기지 않겠습니까?
혹여 내 부모는 나를 버릴지라도
여호와는 나를 영접하시리니
내 평생에 평탄한 길로 나를 인도하소서.

기도

여호와여! 내가 부르짖으오니
내게 귀를 막지 마소서
주께서 내게 잠잠하시면
내가 무덤에 내려가는 자와 같을 것입니다

주의 지성소를 향하여
손을 들고 주께 부르짖을 때에
간구하는 소리를 들으소서

입으로는 화평을 말하나
마음에 악독이 있는
악인과 함께 나를 끌어내지 마소서.

제3부 | 뼈의 고백

여호와의 소리

물 위에 있는 소리, 영광의 우렛소리
힘이 있고 우렁찬 소리
백향목을 꺾어 부수는 소리
꺾인 나무가 송아지 같이 뛰게 하는 소리
화염을 가르는 소리, 광야를 진동시키는 소리
암사슴을 낙태케 하는 소리
산림을 말갛게 벗기는 소리

그 소리는 여호와의 소리로다
"영광이라!"
그 소리가 성전에서 들리도다

너희 권능 있는 자들아,
거룩한 옷을 입고
여호와의 이름에 합당한 영광을 돌리며
여호와께 예배할지어다.

영원한 감사

여호와의 노여움은 잠깐이요,
은총은 평생이로다
나의 저녁에는 울음이었으나,
아침에는 기쁨으로다

주께서 나의 슬픔이 변하여
춤이 되게 하시고
나의 베옷을 벗기고
기쁨으로 띠를 띠우셨나이다

주의 성도들아,
여호와를 찬송하며
그의 거룩함을 기억하며 감사하라
잠잠하지 말고 주를 찬송하라

여호와 나의 하나님이여!
내가 주께 영원히 감사하나이다.
아멘

깨진 그릇

여호와여! 내가 주께 피하나이다
나를 건지소서
나를 그들의 그물에서 건지시고
나를 인도하시고 지도하소서

사람들이 죽은 자를 마음에 두지 아니함 같이
내가 잊혀졌나이다
환난 중에 있는 내 영혼은
고통 중에 있는 깨진 그릇입니다

나의 앞날이 주의 손에 있사오니
내 원수들과 핍박하는 자의 손에서 건져 주소서
주의 사랑하심으로 나를 구원하소서
말씀으로 나를 새로 빚으셔서 거듭나게 하소서.

죄 사함 받은 자의 복

내가 입을 열지 아니할 때에
종일 신음하므로
내 뼈가 쇠하였나이다

주의 손이 나를 누르시오니
내 진액이 빠져서 여름 가뭄에 마름 같이 되었나이다

내 허물을 주께 자백하리라

주께 내 죄악을 숨기지 아니하였더니
곧 주께서 내 죄악을 사하셨나이다

허물의 사함을 받고
자신의 죄가 가려진 자는 복이 있도다
여호와께 정죄를 당하지 아니하는 자는 복이 있도다.

하나님의 기업

너희 의인들아! 여호와를 즐거워하라
찬송은 정직한 자의 마땅히 할 바로다.
각종 악기로 감사하고 찬송하라
새 노래로 하나님을 노래하고
즐거운 소리로 아름답게 연주하라

여호와의 말씀은 정직하도다
진실하도다
여호와의 인자하심이 충만하도다

여호와를 자기 하나님으로 삼은 나라,
하나님의 기업으로 선택된 백성은 복이 있도다
많은 군대로 구원 얻는 왕은 없도다
우리 영혼이 여호와를 바람[願]이여,
주는 우리의 도움과 방패시니
우리 마음이 주를 즐거워함이여!!

여호와의 맛

여호와의 선하심을 맛보아 알라
그에게 피하는 자에게는 복이 있도다

젊은 사자는 궁핍하여 주릴지라도
여호와를 찾는 자는
모든 좋은 것으로 부족함이 없으리로다

내 자녀들아, 와서 내 말을 들으라
내가 여호와를 경외하는 법을 가르치리라.

뼈의 고백

여호와여!
나와 다투는 자와 다투시고 나와 싸우는 자와
싸우소서
손 방패를 잡으시고 일어나사 나를 도우소서

내 모든 뼈가 이르기를
여호와와 같은 자가 누구이냐?
그는 가난한 자를 그보다 강한 자에게서 건지시고
궁핍한 자를 노략하는 자에게서 건지시도다

불의한 증인들이 악으로 나를 외롭게 하나
나는 그들이 병들었을 때에 굵은 베옷을 입고
금식하여 내 영혼을 괴롭게 하였더니
내 기도가 내 품으로 돌아왔도다

내 혀가 주의 의를 말하며
종일토록 주를 찬송나이다.

주의 인자하심

하나님이여!
주의 인자하심이 어찌 그리 아름다우신지요
사람들이 주의 날개 그늘 아래 피하나이다
그들이 주의 집에 있는 살진 것으로 풍족할 것이라

주께서 복락의 강물을 마시게 하시나이다
진실로 생명의 원천이 주께 있사오니
주의 빛 안에서 우리가 빛을 보리이다

주를 아는 자에게 주의 인자하심을
계속 베푸시며
마음이 정직한 자에게 주의 공의를 베푸소서
하나님이여!

땅을 차지하리라 시편 제 37 편

여호와를 기뻐하라
그가 네 마음의 소원을 이루시리라

네 길을 여호와께 맡기라
네 공의를 정오의 빛같이 하시리라

여호와 앞에 잠잠하고 기다리라
소망하는 땅을 차지하리라.

아픔

주의 화살이 나를 찌르고 주의 손이 나를 누르나이다
주의 진노로 내 살이 성한 곳이 없으며
나의 죄로 말미암아 내 뼈에 평안함이 없나이다
내 상처가 썩어 악취가 나며
내가 종일토록 슬픔 중에 다니나이다
내 허리에 열기가 가득하여 피곤하고
심히 상한 마음이 불안하여 신음하나이다

주 여호와여!
나를 버리지 마소서
나의 하나님이여!
나를 멀리하지 마소서. 속히 나를 도우소서
주 나의 구원이시여!

한 뼘 인생

내 마음이 뜨거워서
작은 소리로 읊조릴 때에 불이 붙으니
여호와여!
나의 종말의 연한이 언제까지인지
나의 연약함을 알게 하소서

주께서 나의 날을 한 뼘 길이만큼 되게 하시매
나의 일생이 없는 것 같습니다

사람에게는 모두가 허사뿐입니다
그림자 같은 인생이 헛된 일로 소란하며
재물을 쌓으나 누가 거둘는지 알지 못합니다

여호와여! 나의 기도를 들으시며
나의 부르짖음에 귀를 기울이소서
내가 눈물을 흘릴 때에 잠잠하지 마소서
나는 떠도는 나그네입니다

내가 떠나 없어지기 전에
주는 나를 용서하사
나의 건강을 회복시키소서.

기가 막힐 웅덩이

나를 기가 막힐 웅덩이와 수렁에서 끌어올리시고
내 발을 반석 위에 두사
내 걸음을 견고하게 하소서

여호와여! 은총을 베푸사
나를 구원하소서
여호와여! 속이 나를 도우소서.

주를 찾는 자는 다 주 안에서 즐거워하고
기뻐하게 하시며
주의 구원을 사랑하는 자는 항상
"여호와는 위대하시다" 하게 하소서

나는 가난하고 궁핍하오나
주께서는 나를 생각하시오니
주는 내 도움이시오 나를 건지시는 이시라.

긍휼히 여기는 자의 복

시편 제 41 편

가난한 자를 보살피는 자에게 복이 있음이여,
여호와께서 그를 건지시리로다
여호와께서 그를 지키시고 살게 하시리니
그가 이 세상에서 복을 받을 것이라

주여!
그를 원수들의 뜻에 맡기지 마소서
병상에서 붙드시고 병을 고쳐주소서

이스라엘의 하나님 여호와를
영원부터 영원까지 송축할지로다.
아멘. 아멘.

제 이 권

제4부 | 목마른 영혼

목마른 영혼

시편 제 42 편

사슴이 시냇물을 찾기에 갈급함 같이
내 영혼이 주를 찾기에 갈급나이다
내 영혼이 주를 찾기에 갈망하오나
내 하나님은 얼굴을 보이지 아니하시나이다

주야로 내 눈물이 음식이 되며
내 마음이 상하도다
내 하나님이여!
내 영혼이 속에서 낙심이 되므로 주께 기도하나이다

내 영혼아!
네가 어찌하여 낙심하며 네 속에서 불안해하는가?
너는 하나님께 소망을 두라
주가 나의 도우심으로 말미암아
내 하나님을 여전히 찬송하리로다.

영혼의 방황

하나님이 나를 버리셨음으로
내가 원수의 억압으로 슬프게 다니나이다.
주의 빛과 진리를 보내시어 나를 인도하시고
주의 거룩한 산과
주께서 계시는 곳에 이르게 하소서

내 영혼아! 네가 어찌하여 낙심하며
어찌하여 불안해하는가?
너는 하나님께 소망을 두라
그가 도우심으로 말미암아
내 하나님을 여전히 찬송하리로다.

나의 구원

사람이 자기 칼로 땅을 얻어 차지함이 아니요
사람의 팔이 구원함도 아니라

나는 내 활을 의지하지 아니할 것이라
내 칼이 나를 구원하지 못하리라

오직 주의 오른 손과 주의 팔과 주의 얼굴 빛으로
나를 구원하시리라

오직 주께서 우리를 원수들에게서 구원하시고
우리를 미워하는 자로 수치를 당하게 하셨나이다.

사랑의 노래

내 마음이 좋은 말로 왕을 위하여 말하리니
내 혀는 글 솜씨가 뛰어난 서기관의 붓끝과 같도다
왕은 사람들보다 아름다워,
은혜를 입술에 머금으니 영원한 복을 주시는구나

왕의 모든 옷은 몰약과 침향과 육계의 향기가 있으며
상아 궁에서 나오는 현악은 왕을 즐겁게 하도다
왕후는 오빌의 금으로 꾸미고 왕의 오른쪽에 서는구나

딸이여! 듣고 보고 귀를 기울일지어다
네 백성과 네 아버지의 집을 잊어버릴지어다
그리하면 왕이 네 아름다움을 사모하실 것이라
왕은 네 주인이시니 너는 왕을 경배할지어다

왕은 진리와 온유와 공의를 위하여 위엄을 세우시고
네가 왕의 이름을 만세에 기억하게 하리니
그러므로 만민이 내 주 왕을 영원히 찬송하리로다.

하나님은 나의 피난처

하나님은 우리의 피난처시요 힘이시니
환난 중에 만날 큰 도움이시라

땅이 변하든지 산이 흔들려 바다에 빠지든지
바닷물이 솟아나고 뛰놀든지
그것이 넘침으로 산이 흔들릴지라도
우리는 두려워하지 아니하리로다

너희는 가만히 있어
여호와가 하나님 됨을 알지어다
여호와가 뭇 나라 중에서 높임을 받으리라
여호와 하나님이 세계 중에서 높임을 받으리라

만군의 여호와께서 우리와 함께하시니
야곱의 하나님은 우리의 피난처로다.

하나님을 찬송하라

너희 만민들아! 손바닥을 치고
즐거운 소리로 하나님께 외칠지어다
지존하신 여호와는 두려우시고
온 땅에 크신 왕이 되심이로다

하나님께서 즐거운 함성중에 올라가심이여,
여호와께서 나팔소리 중에 올라가시네

찬송하라! 하나님을 찬송하라!!
찬송하라! 우리 왕을 찬송하라!!

하나님은 온 땅의 왕이심이라
지혜의 시로 찬송할지어다
하나님은 뭇 백성을 다스리시며
하나님이 그의 거룩한 보좌에 앉으셨도다.

여호와는 위대하시다 시편 제 48 편

여호와는 위대하시니
하나님의 성, 거룩한 산에서 찬양 받으소서
여호와의 터가 높고 아름다워 온 세계가 즐거워함이여,
큰 왕의 성 곧 시온 산이 그러하도다

하나님이여! 우리가 주의 전 가운데서
인자하심을 생각하였나이다
하나님이여! 주의 이름과 같이
찬송도 땅 끝에 미쳤으며
주의 오른손에는 정의가 충만하였나이다.

하나님의 성벽을 자세히 보고
그의 궁정을 살펴서 후대에 전하라
이 하나님은 영원히 우리 하나님이시니
그가 우리를 죽을 때까지 인도하시나이다.

작은 소리로 읊조림

지혜 있는 자도 죽고
어리석고 무지한 자도 함께 망하니
그들의 재물이 아무도 구원하지 못하도다
사람이 존귀하나 짐승 같도다

사람이 죽으매 가져가는 것이 없고
그의 영광도 따라가지 못하니
생시에 사람들에게 축하를 받을지라도
영원히 빛을 보지 못하리로다.

지존자의 구원 시편 제 50 편

내 백성아! 들을지어다
나는 네 제물 때문에 너를 책망하지 아니리니
네 번제가 항상 내 앞에 있음이로다

삼림의 짐승들과 산의 모든 새도
다 내 것임이로다
내가 주려도 네게 이르지 아니할 것은
세계와 거기 충만한 것이
다 내 것임이로다

감사로 하나님께 제사를 드리며
지존하신 이에게 네 서원을 갚으며
환난 날에 나를 부르라
내가 너를 건지며 영화롭게 하리로다.

우슬초

하나님이여! 나는 내 죄과를 아오니
내 죄가 항상 내 앞에 있나이다
내가 주께만 범죄 하여
주의 목전에서 악을 행하였나이다

주여! 보소서.
주께서는 중심이 진실한 사람을 원하시니
우슬초로 나를 정결하게 하소서 내가 정하리다
나의 죄를 눈보다 희게 씻어주소서

여호와여!
내게 즐겁고 기쁜 소리를 들려 주사
주께서 꺾으신 뼈들도 즐거워하게 하소서
내 모든 죄악을 지워주소서

하나님이여!
내 속에 정한 마음을 창조하시고
내 안에 정직한 영을 새롭게 하소서
주의 성령을 내게서 거두지 마시고
주의 구원의 즐거움을 회복시켜주소서
피 흘린 죄에서 나를 건지소서
내 혀가 주의 의를 높이 노래하리로다.

제5부 | 깃발

푸른 감람나무

나는 하나님의 집에 심겨진
푸른 감람나무

반석에 뿌리 내린
푸른 이끼

사랑을 머금은
푸른 이슬

주님을 찬양하는
푸른 노래

주의 이름이 지극히 선하시므로
내가 영원히 사모하나이다.

두려움 없는 곳에서 두려워하다 시편 제 53 편

어리석은 자는 하나님이 없다하며
가증한 악을 행함이여,
선을 행하는 자가 없도다

저들은 각기 물러가 함께 더러운 악을 행함이여,
선을 행하는 자가 없으니 하나도 없도다
죄악을 행하는 자들이 내 백성을 먹으면서
하나님을 부르지 아니하도다.

그들이 두려움이 없는 곳에서 크게 두려워하였으니
하나님이 그들의 뼈를 흩으심이라
하나님은 그들을 버리셨으므로 네가 그들에게
수치를 당하게 하였도다

시온에서 이스라엘을 구원하여 줄 자 누구인가
하나님이 자기 백성의 포로된 것을 돌이키실 때에
야곱이 즐거워하며 이스라엘이 기뻐하였도다.

위기에서의 기도

하나님이여! 주의 이름으로 나를
구원하소서.

하나님이여! 내 기도를 들으시며 내 말에 귀를
기울이소서

하나님을 자기 앞에 두지 아니하는
낯선 포악한 자들이
나를 치고 내 생명을 수색하나이다

나를 도우시며 내 생명을 붙들어 주소서
낙헌제로 주께 제사하오며
주의 이름에 감사하오리이다.

배신

사망의 위험이 내게 이르니 마음이 아픕니다
두려움과 떨림이 이르니 공포가 나를 덮습니다
내게 날개가 있다면 비둘기 같이 광야로 날아가겠나이다

나의 적은 원수가 아닙니다
  – 원수라면 참았을 것입니다
자기를 높이는 자는 미워하는 자가 아닙니다
  – 미워하는 자면 숨었을 것입니다

나의 원수는 바로 당신,
나의 동료, 나의 친구, 나의 친우입니다
나와 함께 하나님의 집에 다니던 당신입니다

당신은 화목한 자를 치고 언약을 배반했습니다
입은 우유 기름보다 미끄러우나 마음은 전쟁이요,
말은 기름보다 유하나 뽑힌 칼입니다.

눈물 병瓶

하나님이여! 내게 은혜를 베푸소서
사람이 나를 삼키려고 종일 치며 압제하나이다

내 원수가 종일 나를 삼키려 하며
나를 교만하게 치는 자들이 많사오니
내가 두려워하는 날에는 주를 의지하나이다

내 원수가 종일 나를 압제하고
나를 삼키려고 합니다
그들이 내 말을 곡해하니 그들의 생각은 사악이라

나는 슬픈 사람이라
나의 유리함을 주께서 손가락으로 세고 계시오니
나의 눈물을 주의 병이 담으소서

주께서 내 생명을 사망에서 건지셨으니
나로 하나님 앞,
생명의 빛에 다니게 하소서.

주의 날개 그늘

하나님이여! 내게 은혜를 베푸소서
내게 은혜를 베푸소서
내 영혼이 주께 피하되 주의 날개 그늘 아래에서
이 재앙들이 지나가기까지 피하나이다

내 영혼이 사자들 가운데에서 살며
내가 불사르는 자들 중에 누웠으니
곧 사람의 아들들 중에 있음이라 그들의 이는
창과 화살이요 혀는 날카로운 칼 같도다

하나님이여! 내 마음이 확정되었고
내 마음이 확정되었사오니
내가 노래하고 내가 찬송하리로다

내 영광아, 깰지어다
비파야, 수금아, 깰지어다
내가 새벽을 깨우리로다
주여! 내가 만민 중에서 주께 감사하오며
뭇 나라 중에서 주를 찬송하나이다.

악인의 최후

악인의 독은 뱀의 독 같으며
그들은 귀를 막은 귀머거리 독사 같으니
술사의 홀리는 소리도 듣지 않고
능숙한 술객의 요술도 따르지 아니하는 독사로다.

하나님이여! 그들의 입에서 이를 꺾으소서
여호와여! 젊은 사자의 어금니를 꺾어 내시며
그들이 급히 흐르는 물 같이 사라지게 하시며
겨누는 화살이 꺾임 같게 하시며
소멸하여 가는 달팽이 같게 하시며
조산한 아이가 햇빛을 보지 못함 같게 하소서

진실로 의인에게 갚음이 있고
땅에서 심판하시는 하나님이 계시다 하리로다.

주는 나의 힘 시편 제 59 편

주님은 만군의 하나님 여호와,
이스라엘의 하나님이시오니
일어나 모든 나라를 벌하소서

그들이 저물어 돌아와서 개처럼 울며
성으로 두루 다니고
그들의 입으로는 악을 토하나이다

하나님은 나의 요새이시니
그의 힘으로 말미암아 내가 주를 바라나이다
하나님이 인자하심으로 나를 영접하시며
나의 원수가 보응 받는 것을 보게 하소서

나는 주의 힘을 노래하며
아침에 주의 인자하심을 높이 부르오니
주는 나의 환난 날에 피난처심이다

나의 힘이시여!
내가 주를 찬송하오니
하나님은 나를 긍휼이 여기시는 하나님이심이다.

깃발

주께서 우리를 버려 흩으시고 분노하셨으나
지금은 우리를 회복시키소서
주께서 땅을 진동시켜 갈라지게 하셨으나
이제는 그 틈을 기우소서

우리의 어려움을 보시고
비틀거리게 하는 포도주를 마시게 하셨으니
주를 경외하는 자에게 깃발을 주시고
진리를 위하여 달게 하소서

주께서 사랑하시는 자를 건지시기 위하여
오른손으로 구원하셨으니
하나님의 거룩함으로 내가 뛰놀리라
나를 이끌어 견고한 성에 들어가게 하소서.

주는 나의 피난처

하나님이여!
나의 부르짖음을 들으시며
내 기도에 유의하소서
내 마음이 약할 때에 땅 끝에서부터 주께 부르짖으오니
나보다 높은 바위에 나를 인도하소서

주는 나의 피난처이시요
원수를 피하는 견고한 망대이십니다

내가 영원히 주의 장막에 머물며
내가 주의 날개 아래로 피하리로다

주 나의 하나님이여!
주께서 나의 서원을 들으시고
주의 이름을 경외하는 자가 얻을 기업을 내게 주셨나이다
내가 영원히 하나님 앞에서 거주하리니
인자와 진리로 나를 보호하소서.

제6부 | 하나님의 강

침묵하라

나의 영혼이 하나님 앞에 잠잠함이여,
나의 구원이 그에게서 나오도다

넘어지는 담과 흔들리는 울타리 같은 사람아!
사람을 죽이려고 공격하기를 언제까지 하려느냐?
그들이 입으로는 축복이요 속으로는 저주로다

내 영혼아! 잠잠히 하나님만 바라라
그만이 나의 반석이시오 나의 구원이시로다

아! 슬프다 사람은 입김이여,
인생의 속임수를 저울에 달면 그들의 입김보다 가벼우리로다
포악을 의지하지 말며 재물에 마음을 두지 말지어다
주께서 각 사람이 행한 대로 갚으시리라.

목마름 시편 제 63 편

내가 주를 간절히 찾되 물이 없어 마름 같이
내 영혼이 주를 갈망하나이다
내 육체가 주를 앙모하나이다

내가 주의 권능과 영광을 보기 위하여
성소에서 주를 바라보았나이다

주의 인자하심이 생명보다 나으므로
내 입술이 주를 찬양하나이다
나의 평생에 주를 송축하며 나의 손을 들리로다

골수와 기름진 것으로 내 영혼이 만족할 것이라
나의 입술이 주를 찬송하되 내가 침상에서 주를 기억하며
새벽에 주의 말씀을 작은 소리로 읊조릴 것이라
주는 나의 도움이 되셨음이라
내가 주의 날개 그늘에서 즐겁게 부르나이다.

악인의 최후

악인은 자기 혀를 칼 같이 갈고
숨은 곳에서 화살 같이 독한 말로
온전한 자를 갑자기 쏘고도
두려워하지 않도다

저들이 악한 목적으로 서로 격려하며
남몰래 올무 놓기를 의논하고 하는 말이
'누가 우리를 보리요' 하도다

하나님이 악인을 쏘시리니
그들이 갑자기 화살에 상하리로다
악인들은 엎드러지리니
그들의 혀가 그들을 해함이라.

하나님의 강

주께서 택하시고 가까이 오게 하사
주의 뜰에 거하게 하시니
성전의 아름다움으로 만족하나이다
땅의 끝과 먼 바다에 있는 자가 주님을 의지하나이다
주는 산을 세우시고 바다의 설렘과 물결의 흔들림,
만민의 소요까지 진정시키나이다

아침 되는 것과 저녁 되는 것이 즐겁나이다
땅을 윤택케 하시니
하나님의 강에 물이 가득하나이다
부드러운 단비로 밭고랑에 물을 넉넉히 대사
그 이랑을 평평하게 하시니
그 싹이 복을 받나이다

주의 은택으로 한 해를 관 씌우시니
길에는 기름방울이 떨어지며
들의 초장에도 떨어지니
작은 산들이 기쁨으로 띠를 띠었나이다
초장은 양 떼로 옷 입었고
골짜기는 곡식으로 덮였으매 즐거이 노래하나이다.

땅의 노래

온 땅이여, 하나님께 즐거운 소리를 낼지어다
하나님 이름의 영광을 찬양하고 영화롭게 할지어다
엄위하신 주의 큰 권능에 복종할 것이라
온 땅이 주께 경배하고 주의 이름을 노래할 지어다

와서 하나님이 행하신 일을 보라
하나님은 바다를 변하여 육지가 되게 하시고
무리가 걸어서 강을 건너게 하셨도다
우리가 거기서 주로 말미암아 기뻐하였도다

만민들아, 하나님을 송축하라
우리가 불과 물을 통과하였더니
주께서 우리를 풍부한 곳에 들이셨도다
번제물을 가지고 주의 집에 들어가 서원을 갚으리라

하나님을 두려워하는 너희들아,
다 와서 들으라
하나님이 나의 영혼을 위하여 행하신 일을
내가 선포하리로다
나의 혀로 하나님을 높이 찬송하리로다.

감사의 찬송

하나님은 우리에게 은혜를 베풀어 복을 주시고
그의 얼굴빛을 우리에게 비추시어
주의 도를 땅위에,
주의 구원을 모든 나라에게 알게 하소서

하나님이여!
민족들이 주를 찬송하게 하시며
모든 민족들이 주를 찬송하게 하소서

온 백성은 기쁘고 즐겁게 노래할지니
주는 민족들을 공평히 심판하시며
땅 위의 나라들을 다스리실 것임이니라

땅이 그 소산을 내어주었으니
하나님이 우리에게 복을 주시나이다
하나님이 우리에게 복을 주시리니
땅의 모든 끝이 하나님을 경외하리로다.

하나님의 행진

의인은 기뻐하여 하나님 앞에서 뛰놀며
기뻐하고 즐거워할지어다
하나님께 노래하며 그의 이름을 찬양하라

하늘을 타고 땅에 내려오시어
광야를 행진하시는
하나님을 위하여 대로를 수축하라

하나님은 고아의 아버지시며,
과부의 재판장이시라
고독한 자들을 가족과 함께 살게 하시며
갇힌 자들을 이끌어 내사 형통케 하시느니라

하나님이여!
주의 백성 앞에서 앞서 나가시어
광야를 행진하소서.

낯선 사람의 기도

내가 깊은 수렁에 빠지니
물들이 내 영혼까지 흘러들어왔나이다
큰물이 내게 넘쳤나이다.
나의 목이 마르며 나의 눈이 쇠하였나이다
까닭 없이 나를 미워하는 자가 머리털보다 많습니다
그들은 부당하게 나의 원수가 되었나이다
나는 형제에게 객이 되고 낯선 사람이 되었나이다
내가 곡하고 금식하였더니 도리어 욕이 되었고
내가 굵은 베로 옷을 삼았더니 말거리가 되었습니다

여호와여! 내가 주께 기도하오니
인자와 구원의 진리로 내게 응답하소서
나를 수렁에 빠지지 말게 하시고
나를 깊은 물에서 건지소서
큰물이 나를 휩쓸거나 깊음이 삼키지 못하게 하시며
웅덩이가 내 위에 덮쳐 그것의 입을 닫지 못하게 하소서
주의 얼굴을 주의 종에게서 숨기지 마소서
내가 환란 중에 있사오니 속히 내게 응답하소서
내 영혼에 가까이하사 나를 구원하소서.

구원을 위한 기도

하나님이여! 나를 건지소서
여호와여! 속히 나를 도우소서

나의 상함을 기뻐하며
아하, 아하 하는 자들이 수치로 말미암아
뒤로 물러가게 하소서

나는 가난하고 궁핍하오니
속히 내게 임하소서
주는 나의 도움이시오 나를 건지시는 이시오니
여호와여! 지체하지 마소서.

나를 버리지 마소서

여호와여! 내가 주께 피하오니
내가 영원히 수치를 당하게 하지 마소서
나의 하나님이여!
나를 악인의 손에서 피하게 하소서

주 여호와여! 주는 나의 소망이시오
내가 어릴 때부터 신뢰한 주님이시라
내가 모태에서부터 주를 의지하였으며
나의 어머니 배에서부터 주께서 나를 택하셨으니
나는 항상 주를 찬송하리로다

하나님이여! 나를 멀리하지 마소서
내가 늙어 백발이 될 때에도 나를 버리지 마시며
내가 주의 힘을 후대에 전하고
주의 능력을 장래의 모든 사람에게 전하기까지
나를 버리지 마소서

하나님이여!
주의 의가 지극히 높으시나이다
주께서 큰일을 행하셨으니 누가 주와 같으리까

나의 하나님이여! 내가 또 비파로 주를 찬양하며
주의 성실을 찬양하리다

이스라엘의 거룩하신 주여!
내가 수금으로 주를 찬양하리로다.

바다에서부터 바다까지 시편 제 72 편

해가 있는 동안에도 달이 있는 동안에도
주를 두려워하리로다.

주는 벤 풀 위에 내리는 비 같이,
땅을 적시는 소나기 같이 내리나니
주의 날에 의인이 흥왕하여
평강의 풍성함이 달이 다할 때까지 이르리로다

주가 바다에서부터 바다까지와
강에서부터 땅 끝까지 다스리시니
광야에 사는 자는 주 앞에 허리를 굽히며
섬의 왕들이 조공을 바치며 예물을 드리리로다

모든 왕이 주의 앞에 부복하며
모든 민족이 다 주를 섬기리로다.

제 삼 권

제7부 | 광야의 식탁

주께 가까이 함이 내게 복이라   시편 제 73 편

악인이 흥왕하며 불의의 재물이 더욱 불어나니
내 마음이 산란하며 양심이 찔렸나이다
하오나 내가 성소에 들어갈 때에 알았나이다
주께서 그들을 미끄러운 곳에 두시며 파멸에 던지실 것을

하늘에서는 주 외에 누가 내게 있으며
땅에서는 주 밖에 내가 사모할 자 없나이다
내 육체와 마음은 쇠약하나
하나님은 내 마음의 반석이시요 영원한 분깃이시라

무릇 주를 멀리하는 자는 망하리니
음녀 같이 주를 떠난 자를 주께서 다 멸하시나이다
하나님께 가까이 함이 내게 복이라
내가 주 여호와를 나의 피난처로 삼았나이다.

멧비둘기

하나님이여!
주께서 어찌하여 우리를 버리시나이까?
어찌하여 주께서 기르시는 어린양을 향하여
진노의 연기를 뿜으시나이까?

주의 대적이 주의 회중 가운데서 떠들며
자기들의 깃발을 세워 표적을 삼았으니
그들은 마치 도끼를 들어 삼림을 베는 자 같나이다
주의 성소를 불살라 주의 이름을 더럽혔나이다

낮도 주의 것이요 밤도 주의 것이라
주께서 빛과 해를 마련하셨으며
땅의 경계를 정하시며
여름과 겨울을 만드셨나이다

주의 멧비둘기 같은 생명을 들짐승에게 주지 마시며
주의 가난한자의 목숨을 영원히 잊지 마소서
학대받는 자가 부끄러이 돌아가게 하지 마시고
가난한 자와 궁핍한 자가 주의 이름을 찬송하게 하소서.

섞은 것이 가득한 잔 시편 제 75 편

하나님이여!
우리가 주께 감사하고 감사함은
주의 이름이 가까움이라
사람이 주의 기이한 일을 전파하나이다

주의 말씀이 내가 정한 기약이 이르면 내가
바르게 심판하리라 하셨나이다
땅의 기둥은 내가 세웠거니와
땅과 그 모든 주민이 소멸하리라 하셨나이다

너희 뿔을 높이 들지 말며
교만한 목으로 말하지 말지어다
오직 재판장이신 하나님이
이를 낮추시고 저를 높이시리라

여호와의 손에 잔이 있음이여,
술거품이 일어나는 도다
속에 섞은 것이 가득한 잔을 하나님이 쏟아내시나니
실로 그 찌꺼기까지도 땅에 쏟으시리라.

평화의 도시

하나님의 장막이 살렘에 있음이여,
성소는 시온에 있도다
하나님이 방패와 칼과 전쟁을 없이 하셨도다

마음이 강한 자도 가진 것을 빼앗기고
잠에 빠질 것이며
장사들도 모두 도움을 줄 손을 만날 수 없도다

주께서 꾸짖으시매 병거와 말이
다 깊이 잠들었나이다
주께서 한번 노하실 때에 누가 주의 목전에 서리까.

밤에 부르는 노래 시편 제 77 편

주께서 내가 눈을 붙이지 못하게 하시니
밤에 부르는 노래를 내가 기억하여
내 심령으로 간구하기를 주께서 영원히 버리실까,
다시는 은혜를 베풀지 아니하실까,
인자하심은 영원히 끝났는가,
주의 약속하심도 영구히 폐하셨는가,
베푸실 은혜를 잊으셨는가,
노하심으로 긍휼을 그치셨는가 하였나이다.

하나님이여!
물들이 주를 보았나이다
물들이 두려워하며 깊음도 진동하였고
구름이 물을 쏟고 궁창이 소리를 내며
회오리바람 중에 우렛소리가 있으며
번개가 세계를 비추며 땅이 흔들리고
길이 바다에, 곧은길이 큰물에 있으나
나는 주의 발자취를 알 수 없나이다.

광야의 식탁 시편 제 78 편

여호와가 하늘 문을 여시고 만나를 비 같이 내려
하늘 양식을 주셨나니 원대로 배불리 주셨도다
동풍을 하늘에서 일게 하사 나는 새를 많은 고기로
먼지처럼 비같이 바다의 모래 같이 내리셨도다
광야에서 반석을 치사 물이 강 같이 흐르게 하시고
낮에는 구름으로, 밤에는 불빛으로 인도하셨도다

그러나 그들이 욕심을 버리지 아니하여
그들의 먹을 것이 입에 있을 때에
심중에 하나님을 시험하였으며 말하기를
'하나님이 광야에서 식탁을 베푸실 수 있으랴' 하였도다

여호와께서 들으시고 불 같이 노하셨고
하나님의 진노가 그들에게 불타올랐으니
이는 그들이 하나님을 믿지 아니하며 그의
구원을 의지하지 아니한 때문이로다

하나님이 성막을 떠나시니
청년이 불에 살라지고
처녀들의 혼인노래를 들을 수 없으며
제사장들은 칼에 엎드러지고
과부들은 애곡도 하지 못하였도다.

그때에 주께서 잠에서 깨어난 것처럼,
포도주를 마시고 고함치는 용사처럼 일어나사
그의 대적들을 쳐 물리쳐서 영원히 그들을 욕되게 하셨도다
주가 사랑하시는 시온 산을 택하시며
주의 성소를 산의 높음 같이, 영원히 두신 땅 같이 지으셨도다.

비가悲歌

이방 나라들이 성전을 더럽히고
예루살렘이 돌무더기가 되게 하였나이다
주의 종들의 시체를 공중의 새에게 밥으로,
성도들의 육체를 땅의 짐승에게 주었나이다
피를 예루살렘 사방에 물같이 흘렀으니
아무도 매장하는 자가 없나이다

우리는 이웃에게 비방 거리가 되며
우리를 에워싼 자에게 조롱거리가 되었나이다

여호와여! 어느 때 까지나이까?
영영 노하시겠나이까?
주의 질투가 불붙듯 하시렵니까?

우리 구원의 하나님이여!
주의 이름의 영광스러운 행사를 위하여
우리를 도우시며 주의 이름을 우리를 건지소서
우리의 죄를 사하소서.

눈물 양식

하나님이여!
종의 기도에 어느 때까지 노하시겠나이까?
주께서 종으로 눈물을 마시게 하시니
종은 다툼거리가 되고 원수들이 비웃나이다

주께서 한 포도나무를 심으셨나이다
뿌리가 깊이 박혀 땅에 가득하며
잎 그늘이 산을 가리고 가지는 하늘의 백향목 같으며
바다에까지 뻗고 넝쿨이 강에까지 미쳤거늘
숲속의 멧돼지들이 상해하여 먹나이다

만군의 여호와여!
구하오니, 돌아오소서
주님의 종, 포도나무를 돌보소서
인자에게 주의 오른손을 얹으소서
가련한 종을 소생하게 하소서
종이 구원 얻게 하소서!!

네 입을 크게 열라

능력되시는 하나님을 향하여 기쁘게 노래하며
시를 읊으며 소고와 수금에 비파를 아우를지어다

하나님이 이르시되 네 입을 크게 열라
"내가 채우리라"

기름진 밀을 먹이며
반석에서 나오는 꿀로 너를 만족하게 하리라.

제8부 | 하나님의 침묵

하나님의 심판

시편 제 82 편

하나님은 사람들의 모임 가운데 서시며
사람들을 재판하시느니라

가난한 자와 고아를 위하여 판단하시며
곤란한 자와 빈궁한 자에게 공의를 베푸시느니라

하나님이여! 일어나사 세상을 심판하소서
모든 나라가 주의 소유입니다.

하나님의 침묵 시편 제 83 편

하나님이여! 잠잠하지 마소서
세상이 연합하여 떠들며
주님을 미워하는 자들이 머리를 들었나이다
이스라엘의 이름이 다시는
기억되지 못하게 하자 하나이다
저들이 동맹하여 우리가 하나님의 목장을
우리의 소유로 취하자 하였나이다

나의 하나님이여!
그들을 굴러가는 검불 같게 하시며
바람에 날리는 지푸라기 같게 하소서
주의 광풍으로 그들을 쫓아 두렵게 하소서
그들로 수치를 당하여 놀라게 하시며
낭패와 멸망을 당하게 하사
여호와의 이름만 온 세계의 지존자로 알게 하소서.

주의 장막

만군의 여호와여!
주의 장막이 어찌 그리 사랑스러운지요
내 영혼이 여호와의 궁정을 사모하다가 병이 났습니다
내 마음과 육체가 살아계시는 하나님께 부르짖나이다.

나의 왕, 나의 하나님, 만군의 여호와여!
주의 제단에서 참새도 제 집을 얻고
제비도 새끼 둘 보금자리를 얻었나이다
주의 집에 사는 자들은 복이 있나니
그들이 항상 주를 찬송하리로다

주께 힘을 얻고 그 마음에 시온으로 향하는
대로가 있는 자는 복이 있나이다
그들이 비록 눈물 골짜기로 지나갈지라도
그 곳에 맑은 샘이 있고 이른 비가 복을 채워 주나니
그들은 힘을 얻어 하나님께 나타나리다

주의 궁정에서의 한 날이
다른 곳에서의 천 날보다 나은즉
악인의 장막에 사는 것보다
내 하나님의 성전 문지기로 있는 것이 좋사옵니다.

의와 화평의 입맞춤

하나님께서 그의 백성, 그의 성도들에게
화평을 말씀하실 것이라
그들은 다시 어리석은 데로 돌아가지 말지로다
여호와의 구원이 경외하는 자에게 가까우니
영광이 우리의 땅에 머무르리로다

인애와 진리가 만나고
의와 화평이 서로 입 맞추었으며
진리는 땅에서 솟아나고
의는 하늘에 굽어보도다

여호와께서 성도에게 좋은 것을 주시리니
우리의 땅이 그 산물을 내리로다
내가 주의 앞에 앞서서 가며 주의 길을 닦으리로다.

환란 날의 기도

시편 제 86 편

주여!
내게 은혜를 베푸소서
종일 주께 부르짖나이다

주여!
내 영혼이 우러러보오니
영혼을 기쁘게 하소서

주여!
주는 긍휼히 여기시며 노하기가 더디시며
인자와 진실이 풍성하신 하나님이시오니
내게로 돌이키셔서 내게 은혜를 베푸소서

주여!
나의 기도에 귀를 기울이시고
여종의 아들을 구원하소서.

거룩한 터전

시온의 문들이여!
여호와께서 모든 거처보다 사랑하도다

하나님의 성이여!
너는 지극히 영광스럽도다

라합과 바벨론이 나를 아는 자 중에 있다 말하리라
보라, 블레셋과 두로와 구스여!
이것들도 거기서 났다 하리로다

시온에 대하여 말하기를
이 사람, 저 사람이 거기서 났다고 말하리니
지극히 존귀 자가 시온을 세우리라.

밤의 기도

시편 제 88 편

주여! 어제는 나에게 밤이었나이다
영혼에는 재난이, 생명은 스올에 가까웠고,
무덤에 누운 자 같았습니다
힘없는 용사, 죽은 자 중에 던져진바 되었으며
주께서 깊은 웅덩이에 두셨나이다
주의 노가 심히 나를 누르고,
주의 파도가 나를 괴롭게 하였나이다

여호와여!
오직 내가 주께 부르짖으오니
아침에 나의 기도가 주 앞에 이르도다
어찌하여 나의 영혼을 버리시며
어찌하여 주의 얼굴을 내게 숨기시나이까
내가 죽게 되었나이다.
여호와여!

아멘

의와 공의가 주의 보좌의 기초라,
주의 인자함과 진실함이 주 앞에 있나이다
여호와께 즐겁게 소리칠 줄 아는 백성은
주의 얼굴 빛 안에 다니도다

그들이 종일 주의 이름 때문에 기뻐하며
주의 공의로 말미암아 높아지오니
주는 그들의 힘의 영광이심이라
우리의 뿔이 주의 은총으로 높아지나이다

여호와를 영원히 찬송할지어다
아멘. 아멘.

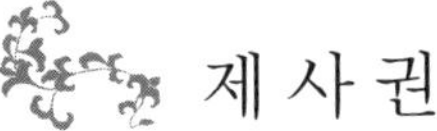 제 사 권

제9부 | 거룩한 팔

인생론

너희 인생들은 돌아가라 티끌로 돌아가라
천 년이 어제 같으며 밤의 한 순간 같을 뿐이라
인생은 잠깐 자는 것 같으며,
풀 같으니 아침에 꽃이 피어 자라다가
저녁에는 시들어 마르느니라

우리의 연수가 칠십이요 강건하면 팔십이라도
그 연수는 수고와 슬픔뿐이요
신속히 가니 우리가 날아가나이다
우리에게 우리의 날 계수함을 가르쳐
지혜로운 마음을 얻게 하소서

여호와여! 돌아오소서
종이 언제까지 기다려야 합니까?
주의 종을 불쌍히 여기소서!
아침에 주의 인자하심으로 우리를 만족하게 하사
우리의 일생 동안 즐겁고 기쁘게 하소서.

안전지대

하나님의 그늘, 은밀한 곳에 사는 나여!

여화와는 나의 피난처요 나의 요새이시니
나를 사냥꾼의 올무에서 전염병에서
나를 건지실 것이라
여호와가 그의 깃으로 나를 덮으시리니
내가 그의 날개 아래 피하리로다.
나는 염병과 재앙을 두려워 아니하나니
천 명이 내 왼쪽에서,
만 명이 내 오른 쪽에서 엎드러지나
재앙이 내게 가까이 하지 못하리로다

하나님이 천사들을 명하사
나의 모든 길을 지키게 하심이라
내가 하나님을 사랑한즉 나를 건지시고
하나님의 이름을 안즉 나를 높이시며
내가 하나님께 간구하리니 응답하시리라.
아멘.

의인은 종려나무

시편 제 92 편

하나님이여!
여호와께 감사하고 주의 이름을 찬양하고
아침마다 주의 인자하심을 알리며
밤마다 주의 성실하심을 베풂이 좋습니다

여호와께서 행하신 일로 나를 기쁘게 하셨으니
주의 손으로 행하신 일로 말미암아 주를 찬송하나이다

의인은 종려나무 같이 번성하며
레바논의 백향목 같이 성장하리로다

의인은 여호와의 집에 심겨져 있음이여,
하나님의 뜰 안에서 번성하리로다

의인은 늙어도 결실하며
진액이 풍족하고 빛이 청청하니
여호와의 정직하심과 나의 바위 되심과
불의가 없음이 선포되리로다.

여호와의 권위權威　　　　　시편 제 93 편

여호와께서 다스리시니
스스로 권위를 입으셨도다
능력의 옷을 입으시고 권위의 띠를 띠셨도다
주의 보좌는 예로부터 견고히 섰으며
주는 영원부터 계셨도다

여호와여! 큰물이 소리를 높여
높이 계신 여호와의 능력을 찬양하나이다

바다의 파도보다 크신 여호와여!
주의 거룩함이 주의 집에
영원무궁하십니다.

하나님 의존依存

시편 제 94 편

하나님이여!
빛을 비추어 주소서

나의 발이 미끄러질 때에
주의 인자하심이 나를 붙드셨으며
내 속에 근심이 많을 때에 주의 위안이
내 영혼을 즐겁게 하시나이다

여호와는 나의 요새시요
나의 하나님은 내가 피할 반석이시라
악인들의 죄악을 그들에게 돌리시며
그들은 악으로 끊어지도다.

하나님 경배敬拜

오라! 우리가 여호와께 노래하며
우리가 구원의 반석을 향하여 즐거이 외치자
우리가 감사함으로 그 앞에 나아가며
시를 지어 즐거이 그를 노래하자

여호와는 크신 하나님이시요
모든 신들 보다 크신 왕이시기 때문이로다
땅의 깊은 곳이 그의 손 안에 있으며
산들의 높은 곳도 그의 것이로다.
바다도 그의 것이라 그가 만드셨고
육지도 그의 손이 지으셨도다

오라! 우리가 굽혀 경배하며
우리를 지으신 하나님 앞에 무릎을 꿇자
그는 우리의 하나님이시요
우리는 그의 기르시는 백성이며
그의 손이 돌보시는 양이기 때문이라
너희가 오늘 그의 음성을 듣거든 꿇어 경배하라.

새 노래

시편 제 96 편

온 땅이여, 새 노래로 여호와께 노래하라
노래하며 그의 이름을 송축하라
그의 구원을 날마다 전파하라
그의 기이한 행적을 만민 가운데에 선포하라

여호와는 위대하시니 지극히 찬양할 것이라
모든 신들보다 경외할 것이라
아름답고 거룩한 것으로 여호와께 예배하라
온 땅이여, 그의 앞에서 떨지어다.

섬들에게

섬들은 즐거워하고 기뻐할지어다
여호와께서 다스리시나니
의외 공평이 그의 보좌의 기초로다
불이 그의 앞에서 나와 사방의 대적을 불사르나니
번개가 세계를 비추고 땅이 떨었도다
산들과 온 땅이 주 앞에서 밀랍 같이 녹았으니
하늘이 그의 의를 선포하고
모든 백성이 그의 영광을 보았도다
너희 섬들아,
여호와를 경배할지어다
너희는 여호와로 기뻐하며
거룩한 이름에 감사할지어다.

거룩한 팔

새 노래로 여호와께 찬송하라
그는 기이한 일을 행하여
그의 오른 손과 거룩한 팔로 구원을 베푸셨음이라
이스라엘의 집에 베푸신 인자와 성실을 기억하셨으므로
땅 끝까지 이르는 모든 것이 구원을 보았도다

온 땅이여, 여호와께 즐거이 소리칠지어다
소리 내어 찬송할지어다
수금과 나팔과 호각으로 왕을 찬양할지어다
바다와 거기 충만한 것과
세계와 그 중에 거주하는 자는 다 외칠지어다
큰물은 박수할지어다
산악이 노래할지어다.

여호와께 경배

여호와는 위대하도다
능력 있는 왕은 정의를 사랑하시고
공의를 행하시며 공의를 견고하게 세우시도다
너희는 여호와의 발등상 앞에서
경배할지어다 그는 거룩하도다

모세와 아론과 사무엘이
여호와께 간구하매 응답하셨도다
그들은 주의 증거와 율례를 지켰도다
그들이 행한 대로 갚기는 하였으나
그들을 용서하셨도다

여호와 우리 하나님이여!
주께서는 그들을 용서하신 하나님이시니
너희는 여호와 우리 하나님을 높이고
그 성산에서 예배할지어다
여호와 우리 하나님은 거룩하심이로다.

제10부 | 구원을 위한 기도

감사의 시

온 땅이여!
여호와께 즐거운 찬송을 부를지어다
기쁨으로 여호와를 섬기며
노래하며 그의 앞에 나아갈지어다

여호와가 우리 하나님이신 줄 너희는 알지어다
그는 우리의 지으신 이시요
우리는 그의 것이니 그의 백성이요
그의 기르시는 양이로다

감사함으로 그의 문에 들어가며
찬송함으로 그의 궁정에 들어가서
그에게 감사하며 그의 이름을 송축할지어다

여호와는 선하시니 그의 인자하심이 영원하고
그의 성실하심이 대대에 이르리로다.

완전한 길

내가 완전한 길을 바라보오니
주께서, 어느 때나 내게 임하시겠나이까?

내가 완전한 마음으로
내 집 안에서 행하겠나이다.

구원을 위한 기도 시편 제 102 편

여호와여! 내 기도를 들으소서
내 날이 연기같이 소멸되며 내 뼈가 숯같이 탔나이다
내가 음식 먹기도 잊었음으로
내 마음이 풀같이 시들고 말라버렸사오며
내 탄식 소리로 살이 뼈에 붙었나이다

나는 광야의 올빼미 같고 황폐한 곳의 부엉이 같사오며
밤 지붕 위의 외로운 참새 같으옵니다
나는 재를 양식같이 먹으며 눈물 섞인 물을 마셨나이다
내 날이 기울어지는 그림자 같고 풀의 시들어짐 같습니다

여호와여! 주께서 일어나사 시온을 구원하소서
빈궁한 자의 기도를 돌아보시며 멸시하지 마소서

여호와께서 성소에서 굽어 땅을 살펴보셨으니
갇힌 자의 탄식을 들으시며
죽이기로 정한 자를 해방하사
여호와의 이름을 시온에서, 예루살렘에서 선포케 하심이라
그 때에 민족들과 나라들이 모여 여호와를 섬기리로다.

여호와를 송축하라 시편 제 103 편

내 영혼아, 여호와를 송축하라
내 속에 있는 것들아,
다 그의 거룩한 이름을 송축하라
그의 은택을 잊지 말지어다
그가 네 모든 죄악을 사하며
네 모든 병을 고치며
네 생명을 파멸에서 속량하고
인자와 긍휼로 관을 씌우시며
좋은 것으로 네 소원을 만족하게 하사
네 청춘으로 독수리 같이 새롭게 하도다.

창조와 통치

주께서 빛을 입으시며 하늘을 휘장 같이 치시며
물에 누각의 들보를 얹으시며 구름으로 수레를 삼으시고
바람 날개로 다니시며 바람으로 자기 사신을 삼으시고
불꽃으로 사역자를 삼으시고
땅에 기초를 놓아 영원히 흔들리지 아니하게 하셨나이다

주께서 땅을 깊은 바다로 덮으시매
물이 산들 위에 솟았으나 꾸짖으시니 도망하며
우렛소리로 빨리 가며 정하신 곳으로 흘러갔고
물의 경계를 넘치지 못하게 하셨도다
샘을 골짜기에서 솟아나게 하시고 산 사이를 흐르게 하사
각종 들짐승에게 마시게 하셨도다
새들도 가지에 깃들이며 나뭇가지 사이에서 지저귀도다

내가 평생토록 여호와께 노래하며
내가 살아 있는 동안 내 하나님을 찬양하리로다
나의 기도를 기쁘게 여기시기를 바라나니
나는 여호와로 말미암아 즐거워하리로다.

출애굽기

이스라엘에게 하신 영원한 언약은
가나안 땅을 네게 주어
너희에게 소유가 되게 하리라 하심이라

그때에 그들이 나그네가 되었고
이 족속에게서 저 족속에게로,
이 나라에서 다른 민족에게로 떠돌아다녔도다

그러나 그는 사람의 억압을 용납지 아니하시고
그들로 왕을 꾸짖어
나의 기름 부은 자를 손대지 말며
나의 선지자를 해하지 말라 하셨도다

마침내 그들을 인도하여 나오게 하시니
비틀거리는 자가 하나도 없었더라
그의 택한 자는 노래하면서 나오게 하시니
그의 율례를 지키고 율법을 따르게 하려 하심이로다.
할렐루야!!

구원의 하나님을 찬양하라 시편 제 106 편

할렐루야!! 여호와께 감사하라
그는 선하시며 그 인자하심이 영원함이로다
누가 능히 여호와의 권능을 다 말하며
주께서 받으실 찬양을 다 선포하랴!

우리들은 애급에서의 기이한 구원을 기억하지 못하며
바다, 홍해에서 여호와를 거역하였나이다
광야에서 욕심을 크게 내어 하나님을 시험하고
영혼이 쇠약하게 되었나이다
거룩한 자를 질투하매 땅이 갈라져 덮었고
화염이 악인을 살랐도다

송아지를 만들어 경배하여 영광을 소와 바꾸었도다
자녀의 피를 가나안의 우상에게 제사하므로
그 땅이 피로 더러워졌도다
그들의 행동도 더러워지니 음탕하도다
그러므로 여호와께서 노하시며 유업을 미워하시고
이방인의 손에 넘기시매 그들이 다스렸도다

그러나 여호와께서 그들의 부르짖음을 들으실 때에
그들의 고통을 돌아보시며
그들을 위하여 언약을 기억하시고

그 크신 인자를 따라 뜻을 돌이키시고
사로잡은 자에게서 긍휼히 여김을 받게 하셨도다

정의를 지키는 자들과
항상 공의를 행하는 자는 복이 있도다

여호와 우리 하나님이여!
우리를 구원하사 주의 거룩하신 이름에 감사하며
주의 영예를 찬양하게 하소서
여호와 이스라엘의 하나님을 영원까지 찬양할지어다
모든 백성아! 아멘 할지어다.
할렐루야!!

제 오 권

제11부 | 새벽이슬 같은 청년

광야 사막 길에서 시편 제 107 편

여호와의 속량을 받은 자들은 말할지어다.
여호와께서 대적의 손에서 속향하사
동서남북 각 지방에서 모으셨도다

그들이 광야 사막 길에서 방황하며
거주할 성읍을 찾지 못하고
주리고 목이 말라 그들의 영혼이 피곤하였도다

그들이 근심 중에 여호와께 부르짖으매,
고통에서 건지시고
바른 길로 인도하사 거주할 성읍에 이르게 하셨도다

그들이 인자하심과 인생에게 행하신
기적으로 말미암아
여호와를 찬송할지로다

여호와가 사모하는 영혼에게 만족을 주시며
주린 영혼에게 좋은 것으로 채워주심이로다.

새벽을 깨우리로다

하나님이여!
내 마음을 정하였사오니 내가 노래하며
나의 마음을 다하여 찬양하리로다

비파야, 수금아,
깰지어다
내가 새벽을 깨우리로다

여호와여!
내가 만민 중에서 감사하고
뭇 나라 중에서 주를 찬양하리니
인자하심이 하늘보다 높으시며
주의 진실은 궁창에까지 이르리로다

하나님이여!
주는 하늘 위에 높이 들리시며
주의 영광이 온 땅에서 높임 받으시기를 원하나이다.

석양 그림자

나는 석양 그림자 같이 지나가며
메뚜기 같이 불려 가오니
나는 그들의 비방거리라
그들이 나를 보면서 머리를 흔드나이다

나는 사랑하나 그들은 도리어 대적하니
나는 기도할 뿐이라
그들이 악으로 나의 선을 갚으며
미워함으로 나의 사랑을 갚았나이다

여호와여! 잠잠하지 마옵소서.

새벽이슬 같은 청년

주의 권능의 날에,
주의 백성이 거룩한 옷을 입고
즐거이 헌신하니

새벽이슬 같은 주의 청년들이
주께 나오도다
너희는 하나님 나라의 영원한 제사장이라.

여호와를 경외하는 자

할렐루야!!
여호와께서 자기를 경외하는 자에게
양식을 주시고
그의 언약을 영원히 기억하시며
그가 행하시는 일의 능력을 알리셨도다

여호와를 경외함이 지혜의 근본이라
그의 계명을 지키는 자는
다 훌륭한 지각을 가진 자이니
여호와를 찬양함이 영원히 계속되리로다.
할렐루야!!

의인의 뿔

할렐루야!! 여호와를 경외하며
그의 계명을 크게 즐거워하는 자는 복이 있도다
그의 후손이 땅에서 강성함이여,
정직한 자들의 후손에게 복이 있도다
부와 재물이 그 집에 있음이여,
그의 공의가 영구히 서 있으리로다.
정직한 자들에게는 흑암 중에 빛이 일어나나니
그는 자비롭고 긍휼히 많은 의로운 이로다
은혜를 베풀며 꾸어 주는 자는 잘 되나니
그 일을 정의로 행하리로다
그의 의가 영구히 있고
그의 뿔이 영광중에 들리리로다.

찬양받으실 여호와

할렐루야!!
여호와의 종들아, 찬양하라
여호와의 이름을 찬양하라
이제부터 영원까지 여호와의 이름을 찬송할지로다
해 돋는 데서부터 해 지는 데까지
여호와의 이름이 찬양을 받으시리라
그의 영광은 하늘보다 높으시다

여호와 우리 하나님과 같은 이가 없도다
높은 곳에 앉으셨으나
스스로 낮추시어 천지를 살피시고
가난한 자를 일으키시며 궁핍한 자를 들어 세워
지도자들과 함께 세우시고
임신하지 못하던 여자가 어머니가 되게 하도다.
할렐루야!!

구원의 환희歡喜

이스라엘, 하나님의 백성이
애굽, 세상에서 나올 때에
유다, 성민은 하나님의 성소가 되고
이스라엘, 택함 받은 백성은 그의 영토가 되었도다

바다가 도망하며 요단은 물러갔으니
산들은 숫양 같이 뛰놀며
작은 산들은 어린양 같이 뛰었도다

바다야, 네가 도망함은 어찌함이며
요단아, 네가 물러감은 어찌함인가

땅이여, 너는 주 하나님 앞에서 떨지어다
그가 반석을 쳐서 못이 되게 하시며
차돌로 샘물이 되게 하셨도다.

여호와께 복 받는 백성

오직 주는 인자하시고 진실하시므로
주의 이름에만 영광을 돌리나이다

우상은 사람의 손으로 만든 것이라
말하지도 보지도 듣지도 냄새도 맡지 못하니
손이 있어도 만지지 못하고 발이 있어도 걷지도 못하며
목구멍이 있어도 작은 소리도 내지 못하느니라
우상을 만드는 자는 우상이 되도다

이스라엘아! 여호와를 의지하라
그는 너희의 도움이시오 너희의 방패로다

여호와께서 우리에게 복을 주시되
이스라엘 집에도 아론의 집에도 복을 주시며
높은 사람이나 낮은 사람을 막론하고
여호와를 경외하는 자에게 복을 주시나니
천지를 지으신 여호와께 복을 받는 자로다.

구원의 잔

사망의 줄이 나를 두르고
스올의 고통이 내게 이르므로 내가
환란과 슬픔을 만났을 때에
여호와의 이름으로 기도하기를
"여호와여, 주께 구하오니 내 영혼을 건지소서"

주께서 내 영혼을 사망에서,
내 눈을 눈물에서, 내 발을 넘어짐에서 건지셨나이다
내가 생명이 있는 땅에서 행하리다

내가 구원의 잔을 높이 들고 여호와의 이름을 부르며
여호와의 모든 백성 앞에서
나의 서원을 여호와께 갚으리로다
경건한 자들의 죽음은
여호와께서 보시기에 귀중한 것이로다
내가 감사제를 드리고 여호와의 이름을 부르리로다.

여호와의 인자하심

너희 모든 나라들아! 여호와를 찬양하며
너희 백성들아! 그를 찬송할지어다

우리에게 향하신 여호와의 인자하심이 크시고
그의 진실하심이 영원함이로다. 할렐루야!!

여호와의 문

여호와께 감사하라
그는 선하시며 인자하심이 영원함이로다
이스라엘 아론의 집, 여호와를 경외하는 자는
그의 인자하심이 영원하다 할지로다

여호와는 내 편이라
내가 사람을 두려워하지 아니하리니
사람이 내게 어찌하랴!

여호와는 나의 능력과 찬송이시오
또 나의 구원이 되셨도다
여호와의 오른손이 권능을 베푸셨도다

내게 의의 문들을 열지어다
내가 그리로 들어가서 여호와께 감사하리로다
이는 여호와의 문이라
의인들이 그리로 들어가리로다

여호와의 이름으로 오는 자가 복이 있음이여,
우리가 여호와의 집에서 너희를 축복하였도다
여호와는 나의 하나님이시라
내가 주께 감사하리로다.

제12부 | 말씀

말씀 1

행위 온전하여 여호와의 말씀을 따라
행하는 자들이 복이 있음이여,
여호와의 증거들을 지키고
전심으로 여호와를 구하는 자가 복이 있도다

청년이 무엇으로 그의 행실을 깨끗하게 하리까?
주의 말씀을 따를 뿐입니다
찬송을 받으실 주 여호와여!
주의 말씀들을 나에게 가르치소서

내 눈을 열어서 주의 말씀에서 놀라운 것을 보게 하소서
나는 땅에서 나그네가 되었사오니
주의 말씀을 내게서 숨기지 마소서
주의 말씀들을 사모함으로 내 마음이 상하였나이다.

말씀 2

내 영혼이 진토에 붙었사오니
주의 말씀대로 나를 살아나게 하소서
나에게 주의 말씀의 길을 깨닫게 하시면
기이한 일을 작은 소리로 읊조리이다

여호와여! 주의 말씀의 도를 내게 가르치소서
내가 끝까지 지키리이다
나로 하여금 주의 말씀의 길로 행하게 하소서
내가 이를 즐거워하옵나이다

여호와여! 주의 말씀대로
주의 인자하심과 구원을 내게 임하게 하소서
내가 주의 말씀을 구하였사오니
자유롭게 걸어갈 것입니다.

말씀 3

주의 종에게 하신 말씀을 기억하소서
주께서 내게 소망을 가지게 하셨나이다
이 말씀은 나의 고난 중의 위로라
주의 말씀이 나를 살리셨기 때문이옵나이다

여호와는 나의 분깃이시니
나는 주의 말씀을 지키리라 하였나이다
주의 의로운 말씀들로 말미암아 밤중에 일어나
내가 주께 감사하리로다

고난당하기 전에는 내가 그릇 행하더니
이제는 주의 말씀을 지키나이다
고난당하는 것이 내게는 유익이라
이로 말미암아 내가 주의 말씀을 배우게 되었나이다.

말씀 4

주의 손이 나를 만들어 세우셨으니
내가 깨달아 주의 말씀을 배우게 하소서
주를 경외하는 자들이 나를 보고 기뻐하는 것은
내가 주의 말씀을 바라는 까닭이니이다

내가 연기 속의 가죽부대 같이 되었사오나
주의 말씀을 잊지 아니하나이다
그들이 나를 거의 멸하였으나
나는 주의 말씀을 버리지 아니하나이다

주의 말씀이 나의 즐거움이 되지 아니하였으면
내가 고난 중에 멸망하였을 것이라
내가 주의 말씀을 영원히 잊지 아니하오니
주께서 말씀 때문에 나를 살게 하시기 때문이나이다.

말씀 5

내가 주의 말씀을 어찌 그리 사랑하는지요,
종일 작은 소리로 읊조리나이다
주의 말씀의 맛이 내게 어찌 그리 단지요,
내 입에 꿀보다 더 달콤하나이다

주의 말씀은 내 발에 등이요
내 길에 빛이나이다
나의 생명이 항상 위기에 있사오나
나는 주의 말씀을 잊지 아니하나이다

주의 말씀대로 나를 붙들어 살게 하시고
내 소망을 부끄럽지 않게 하소서
그리하시면 내가 구원을 얻고
주의 말씀에 항상 주의 하리이다.

말씀 6

나는 주의 종이오니 나를 깨닫게 하사
주의 말씀을 알게 하소서
내가 주의 말씀을
금 곧 순금보다 더 사랑하나이다

주의 말씀을 열면 빛이 비치어
우둔한 사람들을 깨닫게 하나이다
내가 주의 말씀을 사모하므로
입을 열고 헐떡였나이다

주의 말씀이 심히 순수하므로
종이 이를 사모하나이다
환란과 우환이 내게 미쳤으나
주의 말씀은 나의 즐거움이옵니다.

말씀 7

내가 날이 밝기 전에 부르짖으며
주의 말씀을 바랐사오며
주의 말씀을 조용히 읊조리려고 새벽에 눈을 떴나이다
여호와여! 주의 말씀을 따라 나를 살리소서

나의 고난을 보시고 나를 건지소서
주의 말씀대로 나를 살리소서
여호와여! 주는 긍휼이 많으오니
주의 말씀을 따라 나를 살리소서

주의 의로운 말씀으로 말미암아
내가 하루 일곱 번씩 주를 찬양하나이다
주의 말씀을 사랑하는 자에게는 큰 평안이 있으니
그들에게 장애물이 없으리로다

여호와여! 나의 부르짖음이 주의 앞에 이르게 하시고
주의 말씀대로 나를 깨닫게 하소서
여호와여! 내가 주의 구원을 사모하였사오며
주의 말씀을 즐거워하나이다.

속이는 혀

여호와여!
거짓 입술과 속이는 혀에서 내 생명을 건져주소서

너 속이는 혀여,
무엇을 네게 주며 무엇을 네게 더할꼬?
장사의 날카로운 화살과 로뎀나무 숯불이로다

나는 화평을 원할지라도
내가 말할 때에 그들은 싸우려 하도다.

나를 지키시는 여호와

내가 산을 향하여 눈을 들리라
나의 도움이 어디서 올꼬?
천지를 지으신 여호와에게서 오도다

여호와께서 너를 실족하지 않게 하시며
너를 지키시는 자가 졸지도 아니하리로다

여호와는 너를 지키시는 이시라
네 오른쪽에서 네 그늘이 되시나니
낮의 해가 너를 상하지 아니하며
밤의 달로 너를 해치지 아니하리로다

여호와께서 너를 지켜 모든 환란을 면하게 하시며
또 네 영혼을 지키시며
너의 출입을 지금부터 영원까지 지키시리로다.

예루살렘의 평안

예루살렘을 위하여 평안을 구하라
예루살렘을 사랑하는 자는 형통하리로다

네 성안에 평안이 있고
네 궁중에 형통함이 있을지어다

내가 네 형제와 친구를 위하여 이제 말하리니
너희 가운데에 평안이 있을지어다.

하나님을 바라보는 눈

하늘에 계신 주여!
내가 눈을 들어 주께 향하나이다

상전의 손을 바라보는 종들의 눈 같이,
나의 눈이 여호와 우리 하나님을 바라보오며
은혜 베풀어 주시기를 기다리나이다

여호와여!
나에게 은혜를 베푸시고 또 은혜를 베푸소서
심한 멸시가 나에게 넘치나이다.

해방 시편 제 124 편

여호와께서 우리 편에 계시지 아니 하셨더라면
그때에 물이 우리를 삼켰을 것이며
시내가 우리 영혼을 삼켰을 것이라

우리를 그들의 이에 씹히지 않게 하신
여호와를 찬송할지로다

우리의 영혼이 사냥꾼의 올무에서 벗어난 새 같이 되었나니
올무가 끊어지므로 우리가 벗어났도다

우리의 도움은 천지를 지으신 여호와의 이름에 있도다.

제13부 | 임마누엘 축복

보호

시온 산이 흔들리지 않음 같이
여호와를 의지하는 자는 영원히 있으리로다

산들이 예루살렘을 두름 같이
여호와께서 그의 백성들을
지금부터 영원까지 두르리로다

여호와여! 선한 자들과 마음이 정직한 자들에게 선대하소서
이스라엘에게는 평강이 있을지어다.

눈물을 흘리며 씨를 뿌리는 자 시편 제 126 편

눈물을 흘리며 씨를 뿌리는 자는
기쁨으로 거두리로다
울며 씨를 뿌리러 나가는 자는
기쁨으로 그 곡식 단을 가지고 돌아오리로다

여호와께서 시온의 포로를 돌려보내실 때에
우리는 꿈꾸는 것 같았도다
그 때에 우리 입에는 웃음이 가득하고
우리 혀에는 찬양이 찼도다

여호와께서 우리를 위하여 큰일을 행하셨으니
우리는 기쁘도다
여호와여!
우리의 포로를 남방의 시대들 같이 돌려보내소서.

임마누엘 축복

자식은 여호와의 주신 기업이요
태의 열매는 그의 상급이로다
젊은 자의 자식은 장사의 화살 같으니
화살이 전통에 가득한 자는 복이 있도다

여호와께서 집을 세우지 아니하시면
세우는 자의 수고가 헛되며
여호와께서 성을 지키시지 아니하시면
파수꾼의 깨어 있음이 헛되도다

여호와께서 함께하지 아니하시면
일찍이 일어나고 늦게 누우며
수고의 떡을 먹음이 다 헛되도다
여호와께서 사랑하시는 자에게는 잠을 주시는도다.

여호와의 평강

여호와께서 시온에서 네게 복을 주시리라
너는 평생에 예루살렘의 번영을 보며
네 자식의 자식을 볼지어다
이스라엘에게는 평강이 있으리라

여호와를 경외하며 그의 길을 걷는 자마다 복이 있도다
네가 내 손이 수고한대로 먹을 것이라
네가 복되고 형통하리로다

네 집 안방에 있는 아내는 결실한 포도나무 같으며
네 식탁에 둘러앉은 자식들은 어린 감람나무 같으리라
여호와를 경외하는 자는 이같이 복을 얻으리라.

지붕의 풀 같은 악인

시편 제 129 편

악인들이 내가 어렸을 때부터
나를 괴롭혔으나 이기지 못하였도다.
내 등을 갈아 그 고랑을 길게 지었으나
여호와께서 악인들의 줄을 끊으셨도다

무릇 시온을 미워하는 자들은
수치를 당하여 물러갈지어다
그들은 지붕의 풀과 같이
자라기 전에 마를 것이라

지나가는 자들도
'여호와의 복이 너희에게 있을지어다' 하거니와
우리가
'여호와의 이름으로 너희에게 축복한다' 하느니라.

기다림

내가 깊은 곳에서 주께 부르짖나이다
주여! 내 소리를 들으시며
나의 부르짖는 소리에 귀를 기울이소서

내 영혼이 여호와를 기다리며
주의 말씀을 바라나이다
파수꾼이 아침을 기다림보다 내 영혼이
주를 더 기다리나니
참으로 파수꾼이 아침을 기다림보다 더하도다

이스라엘아! 여호와를 바랄지어다
여호와께서는 인자하심과 풍성한 속량이 있음이라
그가 이스라엘을 모든 죄악에서 용서하나이다.

평온을 위한 기도 시편 제 131 편

여호와여!
내 마음이 교만하지 아니하고
내 눈이 오만하지 아니하고
큰일과 감당하지 못할 놀라운 일을 하려고
힘쓰지 아니하나이다

실로 내 영혼으로 고요하고 평온하기를
젖 뗀 아이가 어머니 품에 있음 같게 하였나니
내 영혼이 젖 뗀 아니 같도다

이스라엘아!
지금부터 영원까지 여호와를 바랄지어다.

언약궤 발견

여호와의 처소, 전능자의 성막,
거룩한 궤를 발견하기까지는
내가 집에 들어가지 아니하며 침상에 오르지 아니하리라
내 눈으로 잠들게 하지 아니하리라

우리가 여호와의 거룩한 언약궤를
뽕나무 밭에서 찾았도다
우리가 그의 계신 곳으로 들어가서
그의 발등상 앞에서 엎드려 예배하리로다

여호와여! 일어나사 주의 권능의 궤와 함께
평안한 곳으로 들어가소서
주의 제사장들은 의를 옷 입고
주의 성도들은 즐거이 외칠지어다

여호와께서 백성에게 식료품을 풍족히 주시고
떡으로 빈민을 만족하게 하리로다
그의 제사장들에게 구원의 옷을 입히리니
그의 성도들은 즐거이 외치리로다.

형제 연합의 즐거움 시편 제 133 편

보라,
형제가 연합하여 동거함이
어찌 그리 선하고 아름다운고!

머리에 있는 보배로운 기름이 수염에 흘러서
그의 옷깃까지 내림 같고
헐몬의 이슬이 시온의 산에 내림 같도다

거기서
여호와께서 복을 명하셨으니
곧 영생이로다.

밤에

보라, 절망의 밤이로다

밤에
여호와의 성전에 서 있는 모든 종들아,
여호와를 송축하라
성소를 향하여 너희 손을 들고
여호와를 송축하라

천지를 지으신 여호와께서
시온에서 네게 복을 주리로다.

여호와의 이름을 찬송하라 시편 제 135 편

할렐루야!!
여호와의 이름을 찬송하라
여호와의 종들아,
우리 하나님의 성전 뜰에 서 있는 너희여,
여호와를 찬송하라

여호와께서
애굽의 처음 난 사람부터 짐승까지 치셨도다.
열국의 우상은 은금이요 사람의 손으로 만든 것이라
우상은 헛것이라
우상을 만든 자와 의지하는 자가 다 우상과 같으리라

이스라엘 족속아,
여호와를 경외하는 너희들아, 여호와를 송축하라
예루살렘에 계시는 여화와는
시온에서 찬송을 받으실지어다.
할렐루야!!

여호와께 감사하라

여호와께 감사하라
그는 선하시며 그 인자하심이 영원함이로다

신들 중에 뛰어난 하나님,
주들 중에 뛰어난 주님,
홀로 기이한 일을 행하시는 이에게 감사하라
그 인자하심이 영원함이로다

땅을 물 위에 펴시고 큰 빛들을 지으시고
해로 낮을 주관하게 하시고
달과 별들로 밤을 주관하게 하신 이에게 감사하라
그 인자하심이 영원함이로다

애급의 장자를 치시고 홍해를 가르시고
이스라엘을 그 가운데로 지나게 하신 이에게 감사하라
그 인자하심이 영원함이로다

그들의 땅을 기업으로 주시고
비천한 데서 기억하시고
육체에게 먹을 것을 주신 하늘의 하나님께 감사하라
그 인자하심이 영원함이로다.

제14부 | 할렐루야 찬양

바벨론 강변에서의 슬픔

시편 제 137 편

우리가 바벨론의 강변의 버드나무에
수금을 걸어놓고 앉아서
시온을 기억하며 울었도다

우리를 사로잡고 황폐하게 한 자가
자기들의 기쁨을 위하여
시온의 노래를 노래하라 함이로다

우리가 이방 땅에서 어찌 여호와의 노래를 부를까
예루살렘아 내가 너를 잊을진대
내 오른손이 그 재주를 잊을지어다

내가 예루살렘을 기억하여 즐거워하지 아니할진대
내 혀가 내 입천장에 붙을지어다.

전심으로 주께 감사

여호와께서는 높이 계셔도 낮은 자를 굽어 살피시며
멀리서도 교만한 자를 아시나이다
내가 환난 중에 다닐지라도
주께서 나를 살아나게 하시고
주의 손을 펴시어 내 원수들의 분노를 막으시며
주의 오른손이 나를 구원하시나이다

내가 전심으로 주께 감사하며
주께 찬송하나이다
내가 주의 성전을 향하여 예배하며
주의 인자하심으로 말미암아
주의 이름에 감사하오니
주의 말씀을 모든 이름보다 높게 하셨음이라.

주께서 아시나이다

시편 제 139 편

주께서 아시나이다 내가 앉고 일어섬을 아시고 멀리서도 나의 생각을 아시오며 나의 모든 길과 눕는 것을 살펴보셨으므로 나의 행위를 아시오니 내 말을 알지 못함이 하나도 없나이다

주께서 내게 안수하셨나이다 이 지식이 너무 기이하니 내가 능히 미치지 못하나이다 내가 주의 영을 떠나 어디로 가며 어디로 피하리이까 내가 하늘에 올라갈지라도 거기 계시며 스올에 자리를 펼지라도 거기 계시나이다 새벽 날개를 치며 바다 끝에 가서 거주할지라도 거기서 주의 손이 나를 붙드시나이다

주께 내가 감사하옴은 나를 지으심이 기묘하심이라 주께서 하시는 일이 기이함을 내 영혼이 잘 아나이다 내가 은밀한 데서 지음을 받고 땅의 깊은 곳에서 지음을 받을 때에 나의 형체가 주의 앞에 숨겨지지 못하였나이다

하나님이여! 주의 생각이 내게 어찌 그리 보배로운지요 그 수가 어찌 그리 많은지요 내가 세려고 할지라도 그 수가 모래보다 많도소이다 내가 깰 때에도 여전히 주와 함께 있나이다. 아멘

구원의 능력이신 여호와 시편 제 140 편

여호와여!
악인에게서 나를 건지시며 보전하소서
그들이 마음으로 악을 꾀하고
매일 모여서 뱀 같이 그 혀를 날카롭게 하니
그 입술 아래에는 독사의 독이 있나이다

여호와여!
나를 지키어 악인의 손에 빠지지 않게 하시며
포악한 자에게서 벗어나게 하소서

주는 나의 하나님이시니
여호와여, 간구하는 소리에 귀를 기울이소서
내 구원의 능력이신 여호와여!
전쟁의 날에 내 머리를 가려 주셨나이다

내가 알거니와 여호와는 고난당하는 자를
변호해주시며 궁핍한 자에게
정의를 베푸시나이다
진실로 의인들이 주의 이름에 감사하나이다.

진혼鎭魂의 기도

여호와여! 속히 내게 오시옵소서
내가 부르짖을 때에 내 음성을 귀를 기울이소서
나의 기도가 분향함과 같이 되며
나의 손드는 것이 저녁 제사 같이 되게 하소서

여호와여! 내 입에 파수꾼을 세우시고
내 입술의 문을 지키소서

의인이 나를 칠지라도 은혜로 여기며
책망할지라도 기름 같이 여겨서 거절하지 아니하고
재난 중에도 항상 기도할지라

주 여호와여! 내 눈이 주께 향하며
내가 주께 피하오니
내 영혼을 빈궁한 대로 버려두지 마옵소서.

내가 소리 내어

내 오른쪽을 살펴보아도 아는 이 없고
왼쪽을 살펴보아도 피난처가 없으니
내 영혼을 돌보는 이가 하나도 없나이다

여호와여! 내가 주께 부르짖어 말하기를
주는 나의 피난처시오 나의 분깃이시라 하였나이다

여호와여! 나의 부르짖음을 들으소서
나는 심히 비천하나이다
나를 핍박하는 자들에게서 나를 건지소서
그들이 나보다 강하나이다

내가 소리 내어 여호와께 부르짖으며
내가 소리 내어 간구하나이다
내가 원통함을 여호와 앞에 토로하며
내 우환을 진술하나이다

내 영혼을 캄캄한 옥에서 이끌어 내사
주의 이름에 감사하게 하소서.

밤에 드리는 기도

여호와여!
내 기도를 들으시며 간구에 귀를 기울이시고
주의 진실과 의로 응답하소서

아침에 나로 하여금
주의 인자한 말씀을 듣게 하소서
내가 주를 의뢰하나이다
내가 다닐 길을 알게 하소서
내 영혼을 주께 드리나이다

여호와여!
주는 나의 하나님이시니
나를 가르쳐 주의 뜻을 행하게 하소서
주의 영은 선하시니 나를 공평한 땅에 인도하소서
나는 주의 종이나이다.

여호와를 섬기는 백성

나의 반석이신 여호와를 찬송하리로다
여호와는 나의 사랑이시오 나를 건지시는 이시로다

여호와여! 사람이 무엇이기에 알아주십니까?
사람은 헛것 같고 그림자 같습니다

하나님이여! 내가 주께 새 노래로 노래하며
열 줄 비파로 주를 찬양하리로다

우리의 아이들은 어리다가 장성한 나무 같으며
우리의 딸들은 궁전의 양식대로 다듬은 모퉁잇돌 같으며
우리의 곳간에는 백곡이 가득하며
우리의 양들은 들에서 천천만만으로 번성하며
우리의 수소는 무겁게 실었으며
우리를 침노하는 일이나 나아가 막는 일이 없으며
우리 거리에는 슬피 부르짖음이 없을진대
이러한 백성은 복이 있나니
여호와를 섬기는 백성은 복이 있도다.

여호와의 다스리심

왕이신 나의 하나님이여!
내가 주를 높이고 주의 이름을 송축하리로다
날마다 주를 송축하리로다
주께서 행하신 일을 크게 찬양하며
주의 능한 일을 선포하리로다
주의 존귀하고 영광스러운 위엄과 기이한 일을
나는 작은 소리로 읊조리나이다

여호와는 은혜로우시며 긍휼히 많으시며
노하기를 더디 하시며 인자하심이 크시나이다
여호와께서는 모든 것을 선대하시며
그의 지으신 모든 것에게 긍휼을 베푸시나이다
주께서 지은신 모든 것들이 주께 감사하며
주의 성도들이 주를 송축하리로다

주의 나라는 영원한 나라이니 대대에 이르리로다
주는 때를 따라 그들에게 먹을 것을 주시리니
손을 펴시어 모든 생물의 소원을 만족하게 하시나이다
여호와께서는 간구하는 자에게 가까이 하시며
경외하는 자들의 소원을 이루시며 구원하리로다.

할렐루야 찬양 1 시편 제 146 편

할렐루야!!
내 영혼아, 여호와를 찬양하라
나의 평생에 내 하나님을 찬송하리로다

도울 힘이 없는 인생을 의지하지 말지니
그의 호흡이 끊어지면 흙으로 돌아가서 그 날에
그의 생명이 소멸하리로다

야곱의 하나님을 자기의 도움으로 삼으며
여호와 가지 하나님에게
소망을 두는 자는 복이 있도다

여호와는 천지와 바다와 그 중의 만물을 지으시며
영원히 진실함을 지키시며
억눌린 사람들에게 자유를 주도다

시온아, 여호와는 영원히 다스리시고
네 하나님은 대대로 통치하시리로다.
할렐루야!!

할렐루야 찬양 2 시편 제 147 편

할렐루야!!
우리 하나님을 찬양하는 일이 선함이여,
찬송하는 일이 아름답고 마땅하도다

여호와께서 예루살렘을 세우시며
이스라엘의 흩어진 자들을 모으시며
상심한 자들을 고치시며
그들의 상처를 싸매시는구나

여호와께서 겸손한 자들을 붙드시고
악인들은 땅에 엎드러뜨리도다
감사함으로 여호와께 노래하며
수금으로 하나님께 찬양할지어다

여호와는 자기를 경외하는 자들과
그의 인자하심을 바라는 자들을 기뻐하도다
예루살렘아, 여호와를 찬송할지어다
시온아, 네 하나님을 찬양할지어다.
할렐루야!!

할렐루야 찬양 3

할렐루야!!
하늘에서 여호와를 찬양하며
모든 데서 찬양할지어다
모든 천사여, 찬양하며 모든 군대여, 찬양할지어다
해와 달아, 별들아, 찬양할지어다
하늘의 해도, 하늘 위에 있는 물도 찬양할지어다
여호와를 찬양함은 지으심을 받았음이로다

용들과 바다여, 땅에서 여호와를 찬양하라
불과 우박과 눈과 안개와 광풍이며
산들과 과수와 백향목이며
짐승과 가축과 땅에 기는 것과 하늘에 나는 새며
세상의 모든 왕들과 모든 백성들과
총각과 처녀와 노인과 아이들아, 여호와를 찬양하라

여호와의 이름을 찬양할지어다
그의 이름이 홀로 높으시며 그의 영광이
하늘 위에 뛰어나심이로다.
할렐루야!!

할렐루야 찬양 4

할렐루야!!
새 노래로 여호와께 노래하며
성도의 모임 가운데에서 찬양할지어다

이스라엘은 자기를 지으신 이로 말미암아 즐거워하며
시온의 주님은 그들의 왕으로 말미암아 즐거워할지어다
춤추며 그의 이름을 찬양하며
소고와 수금으로 그를 찬양할지어다

여호와께서는 자기 백성을 기뻐하시며
겸손한 자를 구원으로 아름답게 하심이로다
여호와는 그 성도들의 영광이로다.
할렐루야!!

할렐루야 찬양 5 시편 제 150 편

할렐루야!!
그의 성소에서 하나님을 찬양하며
그의 권능의 궁창에서 여호와를 찬양할지어다
그의 능하신 행동을 찬양하며
그의 지극히 위대하심을 찬양할지어다

나팔 소리로 찬양하며
비파와 수금으로 찬양할지어다
소고 치며 춤추어 찬양하며
현악과 퉁소로 찬양할지어다
큰 소리 나는 제금으로 찬양할지어다

호흡이 있는 자마다 여호와를 찬양할지어다.
할렐루야!!

시편으로 쓴 詩 150

초판 1쇄 인쇄 2011년 10월 1일
초판 1쇄 발행 2011년 10월 8일

지은이 이수 송달웅

발행인 김 일
펴낸곳 글로리아
등 록 2007년 3월 9일 제3-235호
주 소 (156-830) 서울시 동작구 상도1동 685
전 화 02-824-3004, 5004
팩 스 02-824-4231
홈페이지 www.kcdc.net

ⓒ 글로리아. 2011
ISBN 978-89-7666-109-8